Vorwort

Liebe Schülerin, lieber Schüler,

du kennst die Redensart „Kleider machen Leute“. Auch in der gleichnamigen Novelle des Schweizer Autors Gottfried Keller spielen Kleider und Auftreten allgemein eine Rolle. Es geht auch um die Frage, welche Bedeutung sie in einer Gesellschaft haben oder haben können. Wenzel Strapinski ist kein Star oder Held, wie du sie aus Filmen oder spannenden Action- oder Science-Fiction-Romanen kennst. Er ist anfangs ein einfacher, besitzloser Schneidergeselle auf Wanderschaft. Am Ende jedoch ist er ein gemachter Mann. Das scheint eine simple Geschichte zu sein – aber dazwischen spielt sich ein wahres Drama in Erzählform ab. Neugierig? Dann kannst du dir im Internet schon einmal verschiedene Video-Clips ansehen. Wir versprechen dir: Das ist zwar ein Überblick, aber längst nicht alles!

Kleider machen Leute war die Grundlage für den Pflichtteil A2 der schriftlichen Realschulabschlussprüfung 2022 in Baden-Württemberg, aber dieses Schülerarbeitsheft kann auch zur Lektürebearbeitung in allen anderen Bundesländern eingesetzt werden. Zuerst sollst du dein Textverständnis darlegen, indem du inhaltliche Fragen oder Aufgaben zum Erzähltext bearbeitest. Im zweiten Teil verbirgt sich in einer produktiven Schreibaufgabe die tiefere Deutung der Handlung, der Figuren sowie deren Denk- und Verhaltensweisen.

Unsere Aufgaben und Impulse sollen dich bestmöglich begleiten. Darüber hinaus soll dir dieses Arbeitsheft durch neue Denkimpulse und Erkenntnisse weitere wichtige Perspektiven auf deinen Lebensweg mitgeben. Also: Auf in die Schweiz, auf in zwei Kleinstädte, in denen sich Erstaunliches abspielt!

Eine spannende Entdeckungsreise in die Schweiz
und eine längst vergangene Zeit wünschen dir

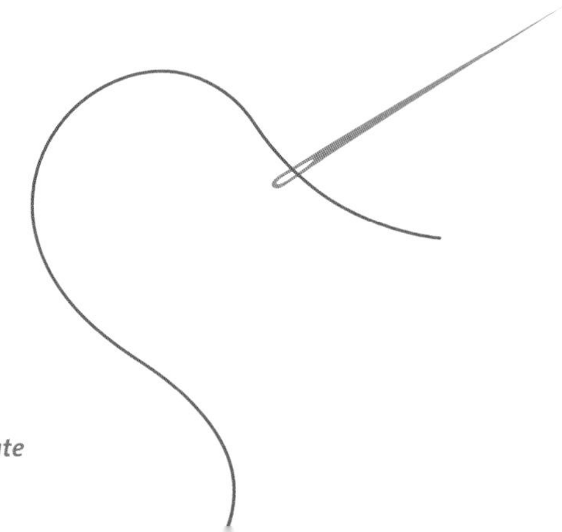

Den Inhalt erschließen und sichern

Annäherung

➲ Aufgaben

Das Buch beginnt mit der Beschreibung des Ortes *Seldwyla* (S. 5). Lies das Zitat.

a) Entscheide, ob die folgenden Aussagen richtig oder falsch sind, und kreuze an.

	richtig	falsch
❶ Seldwyla hat sich seit 300 Jahren nicht verändert.		
❷ Seldwyla ist ein sonniger Ort.		
❸ Seldwyla ist eine kleine Stadt in der Schweiz.		
❹ Seldwyla wird im Zitat nur positiv dargestellt.		

b) Beschreibe anschließend, was für dich einen „wonnigen und sonnigen Ort" ausmacht.

____

____

____

c) Die Beschreibung des Ortes stammt von Gottfried Keller selbst.
Erkläre, was Seldwyla aus seiner Sicht ist. Recherchiere im Internet danach.

____

____

____

Das Werk *Kleider machen Leute* ist in sechs Teile aufgeteilt.* Diese sechs Teile können in Episoden aufgeteilt werden. Dies sind kleinere Abschnitte, die inhaltlich einen Zusammenhang und oft ein einzelnes Ereignis umfassen. In welcher Weise diese zusammenhängen, wirst du im Verlauf der Lektüre und deren Bearbeitung herausfinden.
Die Inhaltssicherung in diesem Heft folgt diesen sechs Teilen – wiederum unterteilt in die jeweils enthaltenen Episoden. Trage die Titel der Teile und der Episoden direkt in dein Buch ein.

* Hiermit ist die Ausgabe des Krapp & Gutknecht Verlags von 2020 gemeint (ISBN 978-3-96323-037-0).

GOTTFRIED KELLER

Christel Metzger
Anna Will

Schülerarbeitsheft

Realschule

Krapp & Gutknecht

Die Seiten- und Zeilenangaben beziehen sich auf folgende Ausgabe:

Gottfried Keller
Taschenbuch
Kleider machen Leute
Krapp & Gutknecht Verlag
71 Seiten mit Hörtexten
ISBN 978-3-96323-037-0
Bestell-Nr. TBKleider

Hörtexte

Im Anhang des Taschenbuchs findest du Informationen zum **Werdegang** Gottfried Kellers und zu **geschichtlichen Hintergründen der Novelle.** Diese kannst du auch als Hörtext mit deinem Smartphone anhören oder herunterladen.

Downloadbereich

Scanne den QR-Code oder gib diesen Link im Browser ein: (ohne *www.* oder *https://*)

kugverlag.de/s3045klm

SCAN ME

Sollte der Kurzlink nicht funktionieren, kannst du diesen eingeben:
https://download.krapp-gutknecht.de/index.php/s/WWCT9ar3Xgpypk5

Symbolerklärung

- Downloadbereich
- Internetrecherche
- Leseauftrag
- Gruppenarbeit
- Partnerarbeit
- Tipp
- Schreibaufgabe
- Szenisches Spiel

AB | S. 40 Wenzel

Diese Pfeile zeigen dir, dass du an der Stelle neue Erkenntnisse für deine Figuren- und Themenseiten erarbeitest.

Teil 1 (S. 7–18)

TIPP
Markiere Wörter, die unklar sind, und schlage sie nach oder frage einen Mitschüler, deine Eltern oder deine Lehrer.

➲ Aufgaben

a) Auf den ersten Blick siehst du schon, dass es am Rand des Textes viele Anmerkungen gibt. Verbinde die Begriffe mit den richtigen Erklärungen.

das Fechten ○	○ das Pleitegehen, Unfähigkeit zu zahlen
der Habitus ○	○ ein vornehmer Umhang
das Falliment ○	○ das Betteln
der Radmantel ○	○ Erscheinungsbild einer Person in Bezug auf Aussehen und Verhalten

b) Finde heraus, wann das Buch erstmals erschienen ist. Warum ist diese Information hilfreich für dich?

____

c) Lies nun den ersten Satz auf Seite 7. An welche Textsorte erinnert dich der Beginn? Begründe deine Antwort.

____

____

Zum besseren Verständnis wirst du zu Beginn jeder Episode eine solche Episodenkarte ausfüllen. Darin hältst du fest, welche Figuren mitspielen und wo und wann das Geschehen stattfindet.

Damit du dich auch später noch gut an die Episode erinnern kannst, kannst du im Bilderrahmen auf der rechten Seite einen wichtigen Ausschnitt aus dem Geschehen bildlich festhalten oder das Geschehen mit einem Symbol darstellen.

EPISODENKARTE 1

Der Protagonist wird unterschiedlich bezeichnet. Trage seinen Namen/Titel jeweils mit ein.

Episode 1: S. 7, Z. 1–S. 8, Z. 8

Figuren: ☐ Protagonist: ____________________
☐ Melchior Böhni ☐ Amtsrat ☐ Nettchen
☐ Weitere wichtige Handlungsträger:

Orts-/Zeitangaben:

Zeitangaben können Datum, Tageszeit, Jahreszeit, Fest- und Feiertage, aber auch eine Zeitdauer sein.

➲ Aufgaben

a) Lies die erste Episode.

b) Trage auf der folgenden Seite alle Informationen stichwortartig ein, die du über den Protagonisten erhältst. Unterscheide zwischen Informationen über sein Aussehen, seine Vorgeschichte und weitere Besonderheiten.

AB | S.40
Wenzel

Der Protagonist ist:

Aussehen:

Weitere Besonderheiten:

Vorgeschichte:

c) Erkläre in diesem Zusammenhang den Titel des Buchs.

d) Warum erwarten die Leute, wenn sie den Schneider sehen, „alles andere, als daß er betteln würde"? (S. 8, Z. 5)

AB | S.47
Stil

e) Der Schneider wird als „Märtyer seines Mantels" (S. 8, Z. 7) beschrieben und sein Hunger „so schwarz wie des letztern Sammetfutter" (S. 8, Z. 7–8) – erkläre diese beiden Redewendungen in eigenen Worten.

f) Im Verlauf der Handlung wirst du immer wieder auf Einzelheiten und Ereignisse stoßen, die Polen bzw. Polnisches betreffen. Informiere dich in deinem Buch auf S. 70, Z. 11–24 über den Bezug Gottfried Kellers zu diesem Thema. Notiere drei wichtige Aussagen in deinen Worten.

g) Fasse nun in einem Satz zusammen, worum es in der ersten Episode geht.

h) Wähle abschließend eine passende Überschrift für die erste Episode aus oder finde eine eigene und trage sie dann in dein Buch ein. Besprecht eure Vorschläge stets nach den Episoden.

☐ Ein armes Schneiderlein ☐ Unterwegs auf der Landstraße ☐ Ein vornehmer Herr

☐

EPISODENKARTE 2

Episode 2: S. 8, Z. 10 – S. 9, Z. 14

Figuren: ☐ Protagonist: ______________________
☐ Melchior Böhni ☐ Amtsrat ☐ Nettchen
☐ Weitere wichtige Handlungsträger:

Orts-/Zeitangaben:

Aufgaben

a) Lies die zweite Episode.

b) Kreuze an, welche Aussagen richtig und welche falsch sind.

	richtig	falsch
❶ Der Schneider geht sehr schwach und traurig die Landstraße entlang.		
❷ Weil der Weg zu steil ist, geht der Kutscher neben dem Wagen, statt zu fahren.		
❸ Da er so müde aussieht, darf der Schneider in der Kutsche mitfahren.		
❹ Der Kutscher hält vor dem zweiten Gasthof im Ort.		
❺ Der Wirt ist sehr neugierig, wer in der schönen Kutsche sitzt, und öffnet deshalb sofort die Kutschentür.		

c) „[...] schien er ihnen wenigstens ein geheimnisvoller Prinz oder Grafensohn zu sein." (S. 9, Z. 3–4)
Wer ist hier gemeint und warum wird er so beschrieben?

____

____

d) Unterstreiche die Adjektive, die die Lage und die Gefühle des Schneiders in dieser Episode am besten beschreiben. Vergleiche dann deine Ergebnisse mit deinem Partner/deiner Partnerin.

hilflos | verdutzt | hungrig | perplex | glücklich | willenlos

sorgenvoll | glückselig | überfordert | niedergeschlagen | dankbar

AB | S. 40
Wenzel

e) Fallen dir noch weitere Adjektive ein? Dann trage sie in die leeren Kästchen ein.

f) Betrachte den Anfang der Episode (S. 8, Z. 10–17) noch einmal genauer. Um was für eine Erzählperspektive handelt es sich hier? Begründe deine Antwort.

☐ personaler Erzähler ☐ neutraler Erzähler ☐ auktorialer Erzähler

AB | S. 44
Erzählform

____

TIPP
Die Erzählperspektive solltest du immer wieder in den Blick nehmen und dir Auffälligkeiten dazu notieren.

g) Wähle abschließend eine passende Überschrift für die zweite Episode aus oder finde eine eigene und trage sie dann in dein Buch ein.

☐ Hilfe naht ☐ Ankunft im Gasthof ☐ Die Kutsche des „Grafen"

☐ ____

EPISODENKARTE 3

Episode 3: S. 9, Z. 16–S. 11, Z. 16

Figuren: ☐ Protagonist: ____________________
☐ Melchior Böhni ☐ Amtsrat ☐ Nettchen
☐ Weitere wichtige Handlungsträger:

Orts-/Zeitangaben:

➲ Aufgaben

a) Lies die dritte Episode.

b) Fasse in eigenen Worten kurz zusammen, welche Probleme der Wirt hat und wie die Köchin sie lösen will. Gehe dabei auch auf mögliche Gründe für das Auftreten des Wirtes ein.

____

____

____

c) Ordne zu, welche Adjektive den Wirt und welche die Köchin beschreiben. Schlage die Adjektive nach, die du nicht kennst.

WIRT **KÖCHIN**

resolut | ehrgeizig | ruhig | aufgeregt | beflissen | praktisch veranlagt | anständig | tatkräftig

d) Was zeigen die Reaktionen der beiden und was könnten Gründe dafür sein?

____

____

e) Vervollständige das Menü, das die Köchin zubereiten will.

Menü

Vorspeise	*Fleischgerichte*	*Fischgerichte*	*Desserts*
Suppe	Rebhuhnpastete, Koteletts mit ________	F________	________
	________		________
	________		________

f) Was fällt dir an dem Menü auf, das die Köchin zubereiten will? Um was für ein Gasthaus muss es sich beim „Gasthofe, zur Waage genannt“ (S. 8, Z. 26) handeln?

____

____

g) Wähle abschließend eine passende Überschrift für die dritte Episode aus oder finde eine eigene und trage sie dann in dein Buch ein.

☐ Vorbereitungen des Mahls ☐ Die schlaue Köchin ☐ Für die Ehre!

☐ ______________________________

EPISODENKARTE 4

Episode 4: S. 11, Z. 18 – S. 13, Z. 31

Figuren: ☐ Protagonist: ______________

☐ Melchior Böhni ☐ Amtsrat ☐ Nettchen

☐ Weitere wichtige Handlungsträger:

Orts-/Zeitangaben:

Aufgaben

a) Lies die vierte Episode.

b) Während die Vorbereitungen für das Festmahl in vollem Gange sind, empfindet der Schneider „peinlichst[e] Angst" (S. 11, Z. 19). Kannst du dir erklären, warum?

____

c) Wie versucht der Schneider, dieser Angst zu entkommen, und warum geht das schief?

____

____

d) Erkläre, was mit der „erste[n] selbsttätige[n] Lüge" (S. 12, Z. 7) und dem „abschüssigen Weg des Bösen" (S. 12, Z. 9) gemeint ist.

AB | S. 40 Wenzel

____

____

____

e) Kreuze an, welche Aussagen zu folgendem Satz passen:

„Und als der Schneider wieder aus dem langen Gange hervorgewandelt kam, melancholisch wie der umgehende Ahnherr eines Stammschlosses, begleitete er ihn mit hundert Komplimenten und Handreibungen wiederum in den verwünschten Saal hinein." (S. 12, Z. 16–19)

Versucht, diese Geste des Wirtes nachzuspielen. Was drückt sie aus?

Aussage	
Der Schneider kommt bekümmert von der Toilette zurück.	
Der Schneider schreitet durch die Gänge, als wäre er der Besitzer eines Schlosses.	
Der Schneider schleicht durch das Gasthaus, als wäre er ein Geist.	
Der Kellner bringt den Schneider zurück in den Gastraum.	
Der Wirt schmeichelt dem Schneider mit vielen Komplimenten.	
Der Schneider will eigentlich gar nicht mehr in den Gastraum.	

AB | S.47
Stil

f) Nenne die verwendeten Stilmittel im Zitat siehe **Aufgabe e)**. „Übersetze“ diese Textstellen in heutiges Deutsch.

ungewöhnliches Wort		
Vergleich		
Hyperbel		
Metapher		

g) Folgende Tabelle zeigt den Verlauf des Festmahls. Trage ein, was die einzelnen Personen machen bzw. denken.

Schneider		Wirt bzw. Köchin
Der Schneider „nahm seinen Mantel um, setzte die Mütze auf […].“ (S. 11, Z. 23–24).	→	„Unterdessen schrie der Wirt […]“ (S. 12, Z. 11), *weil er denkt, …*
Der Schneider isst …	←	„[D]er Wirt legte ein schönes Stück [Forelle] vor.“ (S. 13, Z. 2)
weil er …	→	*Die Köchin denkt, …*
Der Schneider wird beobachtet, dass er „nicht trank“ (S. 13, Z. 15).	→	*Der Wirt denkt, …* *und …*
„Da beging der Schneider den zweiten selbsttätigen Fehler“ (S. 13, Z. 20),	←	
weil er erstens …		*Der Wirt freut sich, weil …*
und zweitens den Wein …	→	*Die Köchin schließt daraus, …*

h) Deute die Entwicklung und das Ergebnis dieser Handlung.

____

____

____

i) Wähle abschließend eine passende Überschrift für die vierte Episode aus oder finde eine eigene und trage sie dann in dein Buch ein.

☐ Ein missglückter Fluchtversuch ☐ Der Beginn des Festmahls ☐ Ein feiner Herr?

☐ ______________________________

EPISODENKARTE 5

Episode 5: S. 14, Z. 1–S. 15, Z. 6

Figuren: ☐ Protagonist: ____________________

☐ Melchior Böhni ☐ Amtsrat ☐ Nettchen

☐ Weitere wichtige Handlungsträger:

Orts-/Zeitangaben:

➲ Aufgaben

a) Lies die fünfte Episode.

b) Fasse kurz in eigenen Worten zusammen, wie sich der Verlauf des Essens verändert.

____

____

c) „»Es ist jetzt einmal, wie es ist!«" (S. 14, Z. 9–10), denkt sich der Schneider.
Was meint er damit und wie legt er sich seine (drei) Begründungen zurecht?

AB | S. 49 Redensarten

____

1. ____

2. ____

3. ____

d) Der Schneider beschließt, das „Türmchen" (S. 14, Z. 14) zu verspeisen und „sein Ränzchen vollzupacken" (S. 14, Z. 24). Erläutere die Wirkung dieser Ausdrucksweise und leite eine Absicht Gottfried Kellers ab.

AB | S. 45 Sprache

____

____

____

e) Vervollständige den folgenden Satz:
Aufgrund des Verlaufs des Festmahls kommen Köchin und Wirt schließlich zu dem Schluss, dass ...

____

f) Wähle abschließend eine passende Überschrift für die fünfte Episode aus oder finde eine eigene und trage sie dann in dein Buch ein.

☐ Der Hunger siegt ☐ Der Verlauf des Festmahls ☐ Der hungrige Gast

☐ ____

EPISODENKARTE 6

Episode 6: S. 15, Z. 8–S. 18, Z. 26

Figuren: ☐ Protagonist: ____________________

☐ Melchior Böhni ☐ Amtsrat ☐ Nettchen

☐ Weitere wichtige Handlungsträger:

Orts-/Zeitangaben:

➲ Aufgaben

a) Lies die sechste Episode.

b) Der Kutscher spielt zu Beginn der Episode eine wichtige Rolle. Beschreibe sein Verhalten und nenne mindestens einen Grund dafür.

____

____

____

c) Vervollständige folgende Sätze:

Von nun an gilt der Schneider als „Graf Strapinski“ (S. 15, Z. 17).

Der Name ist einerseits berechtigt, weil ______________________________

aber andererseits auch nicht, weil ______________________________.

Strapinski erschrickt, als der Wirt ihm vorschlägt, ______________________________

____.

Der Schneider weiß, wie er mit den Getränken umgehen muss, weil ____________________

____.

Die Mitglieder des Herrenstammtischs betrachten den Schneider herablassend, obwohl ________

____.

Sie setzen sich schließlich doch zum Schneider an den Tisch, weil ____________________

____.

Zum Kaffee bieten die Herren dem Schneider Zigarren an. Dies tun sie nicht aus Höflichkeit, sondern um

____.

d) Gottfried Keller verwendet auf S. 16 wieder mehrere Verkleinerungsformen (Diminutive). Nenne sie und erkläre die Absicht des Autors.

AB | S. 45 Sprache

Diminutive: ______________________________

____

Absicht: ______________________________

e) Von den Goldacher Herren wird der Schneider eingeladen, den Amtsrat auf dessen Gutshof zu besuchen. Notiere die beiden Gründe, warum er das Angebot annimmt.

____

____

f) „»Es ist richtig, es ist jedenfalls ein Herr!«“ (S. 18, Z. 26).
Erkläre den Ausdruck „Herr“ und den Grund für die Verwendung des Ausdrucks durch die Herren.

____

____

g) Ein „Zufall“ jagt den anderen. Notiere diese „Fügungen“ in dieser Episode.
Beschreibe ihre Wirkung im Hinblick auf die Handlungsentwicklung.

____

____

____

h) Wähle abschließend eine passende Überschrift für die sechste Episode aus oder finde eine eigene und trage sie dann in dein Buch ein.

☐ Der Herrenstammtisch ☐ „Graf“ Strapinski ☐ Die Fahrt zum Gut des Amtsrats

☐ ______________________________

Nachdem du die sechs Episoden des ersten Teils bearbeitet hast, fehlt nur noch eine Überschrift für Teil 1:

Wähle eine der vorgegebenen oder entwirf eine eigene Überschrift.

„Graf“ Strapinski | Wie aus einem Schneiderlein ein Herr wird | Wie alles begann

Außerdem kannst du dir hier neue Redewendungen oder Wörter, die du in Teil 1 kennengelernt hast, notieren, um sie dir besser merken zu können.

Meine Sammlung der Redewendungen und Wörter

–

–

–

Teil 2 (S. 19–30)

EPISODENKARTE 7

Episode 7: S. 19, Z. 1–S. 21, Z. 18

Figuren:
- ☐ Protagonist: ____________________
- ☐ Melchior Böhni ☐ Amtsrat ☐ Nettchen
- ☐ Weitere wichtige Handlungsträger:

Orts-/Zeitangaben:

➲ Aufgaben

a) Lies die siebte Episode.

b) Trage weitere Beschreibungen aus der Episode für den Schneider Strapinski ein. Unterscheide dabei zwischen positiven und negativen Beschreibungen.

AB | S. 40
Wenzel

Positiv

Negativ

c) Beschreibe das Verhalten der Goldacher Gesellschaft.
Notiere eine Vermutung, was dies über deren Einstellung aussagt.

____

____

d) Der Erzähler äußert sich eher etwas kritisch über die Goldacher Gesellschaft. Durch welches sprachliche Mittel gelingt das Gottfried Keller (vor allem auf S. 19, Z. 12–15)?

____

Strapinski „mußte sich zwischen beide Partien setzen" (S. 19, Z. 19). „So saß er denn wie ein kränkelnder Fürst" (S. 19, Z. 21–22) dort. Wie stellt ihr euch diese Szene vor? Versucht, sie nachzuspielen.

e) Melchior Böhni wird eine wichtige Figur.
Beschreibe deinen Eindruck von ihm und nenne mögliche Gründe für sein Verhalten.

____

____

____

f) Wähle abschließend eine passende Überschrift für die siebte Episode aus oder finde eine eigene und trage sie dann in dein Buch ein.

☐ Auf dem Gut des Amtsrats ☐ Melchior Böhni ☐ Unverhofftes Spielglück

☐ ____________________

EPISODENKARTE 8

Episode 8: S. 22, Z. 1 – S. 24, Z. 29

Figuren: ☐ Protagonist: ____________________
☐ Melchior Böhni ☐ Amtsrat ☐ Nettchen
☐ Weitere wichtige Handlungsträger:

Orts-/Zeitangaben:

Aufgaben

a) Lies die achte Episode.

b) Spielt den „Zeitpunkt einer geräuschlosen Beurlaubung“ (S. 22, Z. 3) nach und überlegt gemeinsam, was die Gründe für dieses Vorhaben sind.

c) Ein weiterer „Zufall“: Nettchen tritt in das Geschehen ein.

Beschreibe die Wortwahl des Amtsrats, als er sie vorstellt. Welche Haltung des Vaters erkennst du?

d) Wie alt schätzt du Nettchen?

e) Beschreibe den Vornamen. Was könnte hinter dieser Anrede stecken?

AB | S. 46 Symbole

f) Beschreibe Nettchen in deinen eigenen Worten und unterstreiche die passenden Adjektive.

AB | S. 41 Nettchen

hübsch | angeberisch | modebewusst | anmutig | nett | eitel | hinreißend | lieblich | arrogant | kindlich | schüchtern

g) Fallen dir noch weitere Adjektive ein? Dann trage sie in die leeren Kästchen ein.

h) Was fällt dir an der Beschreibung Nettchens auf?

i) Das „Schneiderblütchen fing in der Nähe des Frauenzimmers an, seine Sprünge zu machen und seinen Reiter davonzutragen." (S. 23, Z. 17–18)

Erkläre das Zitat und beschreibe die Reaktion Strapinskis, als er Nettchen begegnet. Gehe dabei auf seine körperlichen Reaktionen und seine charakterliche Reaktion ein.

Spielt die Szene nach.

j) Was fällt dir bei Strapinski auf? Was tut er zum ersten Mal?

k) Auch in dieser Episode äußert sich der Erzähler zum Geschehen. Betrachte folgende Textstellen noch einmal genauer: S. 23, Z. 1–3 und S. 24, Z. 28–29 und beschreibe die Haltung des Erzählers.

AB | S. 44 Erzählform

l) Nettchen ist hier gerührt vom „Nationalen" (S. 24, Z. 27). Gib wieder, was sie unter dem Begriff versteht.

m) Unterscheide dann, wie der Begriff heute verstanden wird.

n) Lies anschließend S. 70 in deinem Buch und deute daraufhin Nettchens Gefühle.

Gottfried Keller im Alter von 66 Jahren, 1885, Quelle: Zentralbib. Zürich, Lizenz: gemeinfrei

o) Im Anhang findest du eine Kurzbiografie des Autors Gottfried Keller. Lies diese und vergleiche, inwiefern das „Nationale" für ihn eine Rolle spielt.

Interessant ist bei diesem Thema auch die Frage nach der politischen Haltung des Autors. Recherchiere diese im Internet.

p) Wähle abschließend eine passende Überschrift für die achte Episode aus oder finde eine eigene und trage sie dann in dein Buch ein.

- ☐ Die Wende
- ☐ Ein erster Fluchtversuch
- ☐ Nettchen
- ☐ ____________

EPISODENKARTE 9

Episode 9: S. 25, Z. 1–S. 26, Z. 28

Figuren: ☐ Protagonist: ____________________

☐ Melchior Böhni ☐ Amtsrat ☐ Nettchen

☐ Weitere wichtige Handlungsträger:

Orts-/Zeitangaben:

Aufgaben

a) Lies die neunte Episode.

b) Ordne die Aussagen chronologisch und streiche die falsche Aussagen.

Nr.	Aussagen
	Nach einer erholsamen Nacht findet Strapinski viele edle Gegenstände und prächtige Kleidung in seinem Zimmer.
	Die Goldacher Herren wollen dem Schneider mit ihren Geschenken etwas Gutes tun, ohne Hintergedanken.
	In dem kleinen Päckchen waren für den Schneider sehr wichtige Dinge.
	Die Zimmer des Schneiders im „Gasthof zur Waage" sind beeindruckend.
	Der Schneider ist, so wie viele andere zu dieser Zeit, ein Opfer politischer Verfolgung und muss untertauchen.
	Das Gepäck des „Grafen" wird nachgeliefert.

c) Gib in eigenen Worten wieder, was du auf Seite 26 über die Goldacher Herren erfährst, und nenne mindestens zwei Gründe für deren Verhalten.

____

____

____

d) Eine der Eigenschaften der Goldacher ist, dass sie keinen „müßigen Argwohn" (S. 26, Z. 27) haben. Erkläre, was man darunter versteht.

____

____

e) Wähle abschließend eine passende Überschrift für die neunte Episode aus oder finde eine eigene und trage sie dann in dein Buch ein.

☐ Zurück im Gasthof ☐ Geschenke für den „Grafen" ☐ Die erste Nacht

☐ ____________________

EPISODENKARTE 10

Episode 10: S. 26, Z. 30 – S. 30, Z. 30

Figuren: ☐ Protagonist: ______
☐ Melchior Böhni ☐ Amtsrat ☐ Nettchen
☐ Weitere wichtige Handlungsträger:

Orts-/Zeitangaben:

➲ Aufgaben

a) Lies die zehnte Episode.

b) Zu Beginn der Episode greift Strapinski nach seinem „Fingerhut" (S. 27, Z. 1). Deute diese Szene. Schreibe drei Sätze.

______

______

AB | S. 46 Symbole

c) Der „Fingerhut" (S. 27, Z. 1) erhält hier eine symbolische Bedeutung. Erkläre diesen Satz.

______

d) „Das Schicksal machte ihn mit jeder Minute größer" (S. 27, Z. 12–13). Erkläre, was mit dieser Aussage gemeint ist.

______

______

e) Beim Rundgang in der Stadt fallen dem Schneider vor allem die Namen der schönen Häuser auf. Diese hängen mit ihrer Entstehungszeit zusammen. Finde die zwei Kategorien. Nenne jeweils mindestens drei Beispiele.

AB | S. 46 Symbole

Häuser aus dem ______

Namen aus der Zeit der kriegerischen Bürgermeister und ______

wie z. B.: ______

______

______

Häuser aus der Zeit der ______

Namen nach ______

wie z. B.: ______

______

______

f) Nicht nur die Namen sind besonders, sondern auch ihre Darstellung. Finde im Text ein Beispiel für eine solche Darstellung und deute sie.

______

______

g) Kreuze an, was es in Goldach noch gibt.

☐ alte Türme mit Turmuhren ☐ bunte Kirchendächer ☐ goldene Fahnen
☐ eine Stadtmauer (ohne Schutzfunktion) ☐ einen grünen Graben um die Mauer

h) Vervollständige folgende Sätze:

AB | S.53
Goldach

Strapinski vermutet hinter den Aufschriften der Häuser ______________________________

____.

Zum Beispiel steht für ihn der Name seines Gasthauses ______________________________

____.

Vor dem Stadttor überlegt der Schneider (wieder), ______________________________

____.

Als er sich gerade für einen Weg entschlossen hat, ______________________________

____.

Deshalb entscheidet sich Strapinski, ______________________________

und ist damit ____.

i) Der „Scheideweg“ stellt Strapinskis Situation als sprachliches Bild dar. (S.30, Z.8)
Erkläre, was es damit auf sich hat.

____

____

____

j) Wähle abschließend eine passende Überschrift für die zehnte Episode aus oder finde eine eigene und trage sie in dein Buch ein.

- ☐ Spaziergang durch die Stadt
- ☐ Ein letzter Fluchtgedanke
- ☐ Die Entscheidung
- ☐ ______________________________

Nachdem du die vier Episoden des zweiten Teils bearbeitet hast, fehlt nur noch eine **Überschrift für Teil 2:**

Wähle eine der vorgegebenen oder entwirf eine eigene Überschrift.

Strapinski und Nettchen | Die Wende | Seltsame Stadt

Notiere ungewöhnliche bzw. neue Redewendungen und Wörter.

Meine Sammlung der Redewendungen – **und Wörter**

–

–

–

Teil 3 (S. 31–38)

EPISODENKARTE 11

Episode 11: S. 31, Z. 1–S. 32, Z. 28

Figuren: ☐ Protagonist: ______________
☐ Melchior Böhni ☐ Amtsrat ☐ Nettchen
☐ Weitere wichtige Handlungsträger:

Orts-/Zeitangaben:

Aufgaben

a) Stelle fest, wie viele Tage bisher vergangen sind, seit sich der Schneider in Goldach befindet.
☐ einer ☐ zwei ☐ fünf

b) Lies die elfte Episode.

c) Mittlerweile hat sich Strapinski an das Leben in Goldach gewöhnt.
Gib kurz wieder, wie er seine Tage und Nächte verbringt, und nenne mögliche Gründe dafür.

Am Tag beschäftigt er sich damit, ...	Im Gegensatz zu früher ist es in den Nächten so,
Dies tut er, weil ...	Das liegt daran, dass ...

d) In dieser Episode sind weitere Eigenschaften des Schneiders zu erkennen.
Trage diese Adjektive in die Kästchen ein.

AB | S. 40
Wenzel

e) Strapinski hat vor, „bei guter Gelegenheit einen Grund zur Abreise zu finden“ (S. 31, Z. 27–28).
Erkläre, was er vorhat und wie er dies umsetzen möchte.

____

____

f) Notiere, was du über seine Pläne denkst.

____

g) Vervollständige folgenden Satz:
Eigentlich wäre Strapinski am liebsten ______________________,
was aber nicht möglich ist, weil ______________________.

h) Wähle abschließend eine passende Überschrift für die elfte Episode aus oder finde eine eigene und trage sie dann in dein Buch ein.
☐ Innere Zerrissenheit ☐ Wichtige Geschäfte ☐ Ein Leben als „Graf“
☐ ______________________

EPISODENKARTE 12

Episode 12: S. 32, Z. 30 – S. 33, Z. 31

Figuren: ☐ Protagonist: ____________
☐ Melchior Böhni ☐ Amtsrat ☐ Nettchen
☐ Weitere wichtige Handlungsträger:

Orts-/Zeitangaben:

➲ Aufgaben

a) Lies die zwölfte Episode.

b) Hier wird deutlich, warum Strapinski noch in Goldach ist. Nenne den Grund.

____

c) Doch für Strapinski ist dies kein Grund zur Freude. Erkläre seine beiden Probleme und vervollständige anschließend den Satz.

„Wie konnte er diesem Wesen nun eine solche Entwicklung bereiten?" (S. 33, Z. 3–4.)

____

____

„Wie konnte er das Schicksal, das ihn gewaltsam so erhöht hatte, so frevelhaft Lügen strafen und sich selbst beschämen?" (S. 33, Z. 4–6)

____

____

Deshalb entscheidet er sich schließlich, ____________

d) Trage die Adjektive ein, die Nettchens Reaktion beschreiben, als sie von Strapinskis Plänen erfährt, und bewerte ihre Reaktion.

Meiner Meinung nach ____________

____

e) Was ist mit „Handel" gemeint? (S. 33, Z. 30). Kreuze an und begründe.

☐ Affäre ☐ Liebschaft ☐ Angelegenheit ☐ Geschäft ☐ Verhandlung

AB | S. 45 Sprache

Begründung: ____________

f) Wähle abschließend eine passende Überschrift für die zwölfte Episode aus oder finde eine eigene und trage sie in dein Buch ein.

☐ Neue Pläne ☐ Vortäuschen einer Reise ☐ Der wahre Grund

☐ ____________

EPISODENKARTE 13

Episode 13: S. 34, Z. 1–S. 35, Z. 24

Figuren: ☐ Protagonist: ______

☐ Melchior Böhni ☐ Amtsrat ☐ Nettchen

☐ Weitere wichtige Handlungsträger:

Orts-/Zeitangaben:

➲ Aufgaben

a) Lies die 13. Episode.

b) Kreuze an, welche Aussagen richtig und welche falsch sind.

c) Verbessere die falschen Aussagen und schreibe mithilfe der richtigen und der von dir korrigierten Aussagen einen zusammenhängenden Text auf einem separaten Blatt.

	richtig	falsch
❶ Als Nettchen Strapinski im Garten begegnet, fängt sie an zu weinen und fällt ihm in die Arme.		
❷ Strapinski hat Glück, dass Nettchen sich für ihn armen Schneider entscheidet, und will deshalb bei ihrem Vater um Nettchens Hand anhalten.		
❸ Nettchens Vater will nicht, dass die beiden heiraten, weil Nettchen nie einen Polen heiraten wollte.		
❹ Nettchens Vater will, dass Nettchen Melchior Böhni heiratet, weil dieser so viel Geld hat. Doch Nettchen ist anderer Meinung.		
❺ Die Verlobung soll in wenigen Tagen stattfinden, weil Strapinski sich schnell wieder um seine Geschäfte kümmern soll.		
❻ Das Fest findet bei herrlichem Wetter statt und zur Feier des Tages wird eine Schlittenfahrt veranstaltet.		
❼ Kurz vor Seldwyla befindet sich das Gasthaus, in dem die Verlobung mit einem Ball gefeiert wird.		

d) Beschreibe Nettchens kindliche Vorstellungen von ihrem späteren Gatten.

______

______

e) Sind sie realistisch oder romantisch? (S. 34, Z. 24–27) Begründe deine Antwort.

AB | S. 41
Nettchen

______

______

______

f) Wähle abschließend eine passende Überschrift für die 13. Episode aus oder finde eine eigene und trage sie dann in dein Buch ein.

☐ Die Verlobung ☐ Vorbereitung für das Fest ☐ Der große Tag

☐ ______

EPISODENKARTE 14

Episode 14: S. 35, Z. 26–S. 36, Z. 28

Figuren:
- ☐ Protagonist: ______________________
- ☐ Melchior Böhni ☐ Amtsrat ☐ Nettchen
- ☐ Weitere wichtige Handlungsträger:

Orts-/Zeitangaben:

Aufgaben

a) Lies die 14. Episode.

b) Fasse in einem Satz zusammen, worum es in dieser Episode geht.

____

____

c) Beschreibe oder skizziere einen der Goldacher Schlitten. Was ist an diesen so besonders?

____

____

____

____

d) Einer der Schlitten heißt „Teich Bethesda".
Gib den Besitzer an und beschreibe den Schlitten.
Gehe dabei besonders darauf ein, was diesen Schlitten von den anderen unterscheidet.

____

____

____

____

TIPP
Es handelt sich hierbei um eine Anspielung auf eine biblische Geschichte aus dem Markusevangelium (Mk 8, 22–26). Finde heraus, worum es dort geht, und versuche, dies in einen Zusammenhang mit dem weiteren Verlauf von „Kleider machen Leute" zu bringen.

e) Nenne eine mögliche Absicht, die hinter der Darstellung dieses Schlittens stecken könnte.

____

____

f) Wähle abschließend eine passende Überschrift für die 14. Episode aus oder finde eine eigene und trage sie in dein Buch ein.

- ☐ Schlittenfahrt ins Glück
- ☐ Die Fortuna
- ☐ Maskenfahrt mit Schlitten
- ☐ ____

EPISODENKARTE 15

Episode 15: S. 36, Z. 30–S. 38, Z. 7

Figuren: ☐ Protagonist: ____________________
☐ Melchior Böhni ☐ Amtsrat ☐ Nettchen
☐ Weitere wichtige Handlungsträger:

Orts-/Zeitangaben:

Aufgaben

a) Lies die 15. Episode.

b) Vervollständige folgende Sätze:

Wie es der „Zufall“ will, machen die Seldwyler ____________________

____________________.

So sehen die Schlitten der Seldwyler aus: ____________________

____________________.

Bei der Schlittenfahrt der Seldwyler handelt es sich nicht um eine normale Schlittenfahrt, sondern um

____________________.

Im letzten Schlitten sitzen ____________________

____________________.

c) Welche Absichten haben die Inschriften der Seldwyler Schlitten?

____

d) Wähle abschließend eine passende Überschrift für die 15. Episode aus oder finde eine eigene und trage sie in dein Buch ein.

☐ Schlittenfahrt der Seldwyler ☐ Eine Vorahnung ☐ Ein gemeinsames Fest

☐ ____________________

Nachdem du die fünf Episoden des dritten Teils bearbeitet hast, fehlt nur noch eine **Überschrift für Teil 3:**

Wähle eine der vorgegebenen oder entwirf eine eigene Überschrift.

„ Graf“ Strapinski und sein Nettchen | Die Verlobung | Das große Fest

Notiere ungewöhnliche bzw. neue Redewendungen und Wörter.

Meine Sammlung der Redewendungen **und Wörter**

–

–

–

Teil 4 (S. 39–45)

EPISODENKARTE 16

Episode 16: S. 39, Z. 1–S. 40, Z. 20

Figuren:
- ☐ Protagonist: ____________________
- ☐ Melchior Böhni ☐ Amtsrat ☐ Nettchen
- ☐ Weitere wichtige Handlungsträger:

Orts-/Zeitangaben:

Aufgaben

a) Lies die 16. Episode.

b) Notiere erklärende Stichworte zu folgenden Textstellen:

„[...] [N]ur der Graf selbst hegte gar dunkle Empfindungen, die ihm nicht behagten [...].“ (S. 39, Z. 9–10)	
Strapinski verspürte „in der jetzigen Voreingenommenheit seiner Seele keinen bestimmten Argwohn.“ (S. 39, Z. 10–12)	
Melchior Böhni, der „sich aufmerksam in der Nähe Strapinskis befand, nannte laut [...] eine ganz andere Ortschaft als den Ursprungsort des Maskenzuges.“ (S. 39, Z. 13–16)	

TIPP
Was mit „Argwohn“ gemeint ist, hast du bereits in Episode 9, **Aufgabe d)** herausgefunden.

c) Die Seldwyler machen den Goldachern das Angebot, einen Schautanz aufzuführen.
Kreuze ihre möglichen Hintergedanken an und fasse kurz zusammen, wie der Schautanz abläuft.

- ☐ Sie wollen den Goldachern eine Freude machen und sie unterhalten.
- ☐ In Seldwyla feiert man eine Verlobung mit einem Schautanz.
- ☐ Sie wollen mit ihrem Schautanz auf etwas hinweisen/ etwas aufdecken.
- ☐ Sie wollen mit dem Schautanz eine lustige Geschichte erzählen.

____

____

____

____

d) Wähle abschließend eine passende Überschrift für die 16. Episode aus oder finde eine eigene und trage sie dann in dein Buch ein.

- ☐ Zwei Feiern in einer
- ☐ Ein Schautanz für die Goldacher
- ☐ Ein Spaß für Strapinski
- ☐ ______________________________

Episodenkarte 17

Episode 17: S. 40, Z. 22–S. 42, Z. 31

Figuren: ☐ Protagonist: ______________
☐ Melchior Böhni ☐ Amtsrat ☐ Nettchen
☐ Weitere wichtige Handlungsträger:

Orts-/Zeitangaben:

➲ Aufgaben

a) Lies die 17. Episode.

b) In dieser Episode geht es Schlag auf Schlag. Fasse die Ereignisse in chronologischer Reihenfolge zusammen und trage sie in das Schaubild ein.

Spielt diese Episode als kurzes Theaterstück nach oder stellt sie in Standbildern dar.

Die Musik wird ernst und ______ →	______ →	Die Gestalt setzt sich auf den Boden und ______ →	Als er aufsteht, ______ ↓
Alles ist fürcherlich still. ↓	← Plötzlich ______	← Bevor er zum Brautpaar geht, ______	← Die Musik wird schneller, der Mann ______
Es stellt sich heraus, ______ →	Die Seldwyler ______ →	Die Musik beginnt wieder und ______ →	Melchior Böhni ______ ↓
Strapinski ______	← Nettchen ______	← Das Brautpaar ______	← Als der Saal fast leer ist, ______

c) Was also ist der wahre Grund für die Maskenfahrt der Sedwyler? Belege deine Vermutung mit mindestens zwei Textstellen. (Du kannst dabei auch auf Episode 16 zurückgreifen.)

____

____

____

d) Wähle abschließend eine passende Überschrift für die 17. Episode aus oder finde eine eigene und trage sie in dein Buch ein.

☐ Ein zweiter „Graf“ ☐ Die Entlarvung ☐ Der wahre Grund

☐ ______________________________

EPISODENKARTE 18

Episode 18: S. 43, Z. 1–S. 44, Z. 2

Figuren: ☐ Protagonist: ____________
☐ Melchior Böhni ☐ Amtsrat ☐ Nettchen
☐ Weitere wichtige Handlungsträger:

Orts-/Zeitangaben:

Aufgaben

a) Lies die 18. Episode.

b) Strapinski verlässt nun die Feier, dabei ist er von gemischten Gefühlen aufgewühlt. Benenne diese und seine jeweiligen Gründe dazu. Verwende Stichworte.

Textstelle	Gefühl	Begründung
S. 43, Z. 18–20		
S. 43, Z. 21–27		
S. 44, Z. 1		
S. 44, Z. 1		
S. 44, Z. 1		

c) Sinnbildlich für seine Situation ist, dass er „barhäuptig" (S. 43, Z. 12) ist. Warum? Schreibe eine Begründung in einem Satz.

____

____

d) Deute die Textstelle „[...] daß die Torheit der Welt ihn in einem unbewachten und sozusagen wehrlosen Augenblicke überfallen und ihn zu ihrem Spielgesellen gemacht hatte." (S. 43, Z. 28–30) Verwende dabei stets eigene Worte.

____

____

e) Bewerte seine Sicht.

____

____

f) Wähle abschließend eine passende Überschrift für die 18. Episode aus oder finde eine eigene und trage sie in dein Buch ein.

☐ Strapinskis Abgang ☐ Die Gefühle des Schneiders ☐ Allein im Wald

☐ ______________________________

EPISODENKARTE 19

Episode 19: S. 44, Z. 4–S. 45, Z. 9

Figuren:
- ☐ Protagonist: ______________________
- ☐ Melchior Böhni ☐ Amtsrat ☐ Nettchen
- ☐ Weitere wichtige Handlungsträger:

Orts-/Zeitangaben:

➲ Aufgaben

a) Lies zuerst den ersten Teil der 19. Episode (S. 44, Z. 4–17).

b) Beschreibe diese Textpassage inhaltlich und mit Blick auf die Funktion des Erzählers.

____

____

____

c) Stelle die Haltung des Erzählers (Z. 15–17) dar. Inwiefern übt er Kritik an bestehenden gesellschaftlichen Verhältnissen?

____

____

d) Lies nun den zweiten Teil der 19. Episode (S. 44, Z. 19–S. 45, Z. 9).

e) Stellt den zweiten Teil der 19. Episode in Standbildern dar.

f) Wähle abschließend eine passende Überschrift für die 19. Episode aus oder finde eine eigene und trage sie in dein Buch ein.

☐ Flucht vor den Seldwylern ☐ Verzweiflung und Einsamkeit ☐ Bitterliches Leid

☐ ____

Nachdem du die vier Episoden des vierten Teils bearbeitet hast, fehlt nur noch eine **Überschrift für Teil 4:**

Wähle eine der vorgegebenen oder entwirf eine eigene Überschrift.

Die etwas andere Verlobungsfeier | Der Tanz der Seldwyler | Die wahre Identität des Schneiders

Notiere ungewöhnliche bzw. neue Redewendungen und Wörter.

Meine Sammlung der Redewendungen und Wörter

–

–

–

Teil 5 (S. 46–57)

Episodenkarte 20

Episode 20: S. 46, Z. 1–S. 49, Z. 21

Figuren: ☐ Protagonist: ____________________
☐ Melchior Böhni ☐ Amtsrat ☐ Nettchen
☐ Weitere wichtige Handlungsträger:

Orts-/Zeitangaben:

➲ Aufgaben

a) Lies die 20. Episode.

b) Sammle Adjektive, die Nettchens Situation und Gefühlslage in dieser Episode darstellen.

____

____

c) Zu Beginn der Episode geht Melchior Böhni zu Nettchen. Ergänze seine bzw. Nettchens Gedanken und fasse das Gesagte in eigenen Worten zusammen.

	Melchior Böhni		Nettchen	
	Gedanken	Gesagtes	Gedanken	Gesagtes
S. 46, Z. 12–18				
S. 46, Z. 20–28				
S. 47, Z. 2–7				

Deutung des Ereignisses

In diesem Abschnitt geht es darum, dass ____

____

d) Nettchens „Seele [war] wie in tiefer, schwerer, unglücklicher Vergessenheit befangen. Was sind Glück und Leben!“ (S. 47, Z. 30–31) Diese und andere Gedanken gehen Nettchen durch den Kopf, als sie auf der Suche nach Wenzel durch den Wald fährt.
Verfasse auf einem separaten Blatt einen **inneren Monolog** (ca. 150 Wörter) **aus der Sicht Nettchens** und gehe dabei auf ihre momentane Situation, ihre Gedanken und Gefühle sowie die Vorgeschichte ein. Aufgaben zur Vorarbeit findest du auf der nächsten Seite.

Produktive Schreibaufgabe 1

Tipp | S. 61 Schreibformen

Notiere zunächst Stichworte und nummeriere sie dann in einer passenden Reihenfolge.

Nettchens Gedanken und Gefühle:

Finde einen passenden Einstiegs- und Ausstiegssatz.

e) Erkläre und deute folgendes Zitat: „[...] [A]lles sagte noch in der Erstarrung, am Rande des Untergangs, im Verlorensein Kleider machen Leute!“ (S. 48, Z. 24–25).

f) Spielt den Schluss der Episode (S. 48, Z. 26–S. 49, Z. 21) szenisch nach, stellt ihn in Standbildern dar oder skizziert ihn stattdessen auf einem separaten Blatt.

g) Wähle abschließend eine passende Überschrift für die 20. Episode aus oder finde eine eigene und trage sie in dein Buch ein.

- [ ] Nettchens Suche
- [ ] Melchior Böhnis Niederlage
- [ ] Gerade noch rechtzeitig
- [ ] ______________________

EPISODENKARTE 21

Episode 21: S. 49, Z. 23–S. 51, Z. 8

Figuren:
- [ ] Protagonist: ______________
- [ ] Melchior Böhni
- [ ] Amtsrat
- [ ] Nettchen
- [ ] Weitere wichtige Handlungsträger:

Orts-/Zeitangaben:

Aufgaben

a) Lies die 21. Episode.

b) Verfasse auf einem separaten Blatt eine **kurze Inhaltsangabe** (ca. 100 Wörter) zu dieser Episode und beachte die Beantwortung der W-Fragen. Ein Merkblatt zur Inhaltsangabe findest du im Downloadbereich.

W _ _? W _ _? W _ _ _ _? W _? W _ _ _ _? W _ _?

c) Wähle abschließend eine passende Überschrift für die 21. Episode aus oder finde eine eigene und trage sie in dein Buch ein.

- [ ] Die Rettung
- [ ] Bei der Bäuerin
- [ ] Die Aussprache
- [ ] ______________________

EPISODENKARTE 22

Episode 22: S. 51, Z. 10–S. 56, Z. 18

Figuren: ☐ Protagonist: ______________________
☐ Melchior Böhni ☐ Amtsrat ☐ Nettchen
☐ Weitere wichtige Handlungsträger:

Orts-/Zeitangaben:

Aufgaben

a) Lies die 22. Episode.

b) In dieser Episode kommt es zum Gespräch zwischen Nettchen und Wenzel.
Vervollständige das Gespräch, indem du jeweils das Fehlende in eigenen Worten zusammenfasst und ergänzt.

Nettchens Fragen	Wenzels Antworten	Reaktionen/Antworten
„»Wer sind Sie? Was wollten Sie mit mir?«" (S. 51, Z. 7–8)		
	Er „sagte ihr, wer er sei und wie es ihm bei seinem Einzug in Goldach ergangen [sei]." (S. 51, Z. 18–19)	
„»Und wohin gedachten Sie mit mir zu gehen und was zu beginnen?«" (S. 51, Z. 27–28)		Nettchen wird blass und ihr Herz klopft „wunderlich" (S. 52, Z. 3).
	Ich habe „»mich nicht erinnert, daß ich je ein Lügner gewesen bin!«" (S. 52, Z. 28)	

c) Interpretiere die Zeilen S. 51, Z. 28–31. Welche Haltung hat Wenzel dem Leben gegenüber?
Begründe, ob dies eine realistische oder romantische Sichtweise ist.
Recherchiere die literarischen Epochen „Romantik" und „Realismus".

d) Nun erzählt Wenzel von seiner Kindheit. Kreuze an, welche Aussagen stimmen und welche falsch sind. Verbessere die falschen Aussagen auf einem separaten Blatt.

	richtig	falsch
❶ Wenzels Mutter arbeitet vor ihrer Heirat bei einer Gutsherrin.		
❷ Die Gutsherrin besteht auf feine Kleidung der Mutter und ihres Sohnes.		
❸ Wenzels Vater ist von Beruf Lehrer und stirbt früh, weswegen die Familie in Armut lebt und die Mutter hart arbeiten muss.		
❹ Mit 17 Jahren soll Wenzel auf Wunsch der Gutsherrin zu ihr ziehen und bei ihr etwas Ordentliches lernen, statt z. B. Bauernknecht zu werden.		
❺ Das ist das Beste, was Wenzel und seiner Mutter geschehen kann, und alle freuen sich darüber.		
❻ Wenzel will dann aber doch bei seiner Mutter bleiben, worüber die Gutsherrin nicht glücklich ist und weswegen sie mit der Mutter diskutiert.		
❼ In diesem Streit sagt Wenzels Mutter über ihn, dass er ein Kind sei, von dem man nicht lassen könne, wenn man es denn kenne. Wenzel versteht bis zu diesem Tage nicht, was sie damit meint.		
❽ Wenzel entscheidet sich, bei seiner Mutter zu bleiben, was sie sehr glücklich macht. Um Geld zu verdienen, geht er dann beim Dorfschneider in die Lehre.		

e) Deute und erkläre, was Wenzels Mutter mit ihrer Bemerkung über Wenzel (Aussage 7) meinen könnte.

____

____

____

f) Vervollständige den Rest des Gesprächs wie in **Aufgabe b)**, indem du jeweils das Fehlende in eigenen Worten zusammenfasst und ergänzt.

Nettchens Fragen	Wenzels Antworten	Reaktionen/Antworten
	„»Der Militärdienst rief mich weg.«“ (S. 54, Z. 19)	
„»[...] [S]o haben Sie ohne Zweifel auch jederzeit ihre gehörigen Liebschaften [...] gehabt und wohl schon mehr als ein armes Frauenzimmer auf dem Gewissen – von mir nicht zu reden?«“ (S. 54, Z. 31–S. 55, Z. 3)		
„»Nun [...], was sehen sie mich so an?«“ (S. 56, Z. 3–4)		

g) Kreuze an und begründe anschließend deine Antwort.

Das Gespräch zwischen Wenzel und Nettchen führt …

- ☐ zur Verurteilung Wenzels.
- ☐ zum Verständnis für Wenzel.
- ☐ zur Klärung zwischen den beiden.
- ☐ zu Unverständnis bei Nettchen.

Begründung: ______________________________

____

h) Deute den Kommentar des Erzählers: „Die allezeit etwas kokette Mutter Natur hatte hier eines ihrer Geheimnisse angewendet, um den schwierigen Handel zu Ende zu führen." (S. 56, Z. 16–18)

AB | S. 45 Sprache

AB | S. 47 Stil

____

____

i) Wähle abschließend eine passende Überschrift für die 22. Episode aus oder finde eine eigene und trage sie in dein Buch ein.

- ☐ Wenzels Kindheit
- ☐ Ein klärendes Gespräch
- ☐ Wenzels Geständnis
- ☐ ______________________________

EPISODENKARTE 23

Episode 23: S. 56, Z. 19–S. 57, Z. 19

Figuren:
- ☐ Protagonist: ______________
- ☐ Melchior Böhni
- ☐ Amtsrat
- ☐ Nettchen
- ☐ Weitere wichtige Handlungsträger:

Orts-/Zeitangaben:

➲ Aufgaben

a) Lies die 23. Episode.

b) Vervollständige, was Nettchen und Wenzel jeweils vorhaben und wie sie sich schlussendlich entscheiden. Bewerte das Gesprächsergebnis anschließend.

Nettchens Plan

Wenzels Plan

Die gemeinsame Entscheidung

Bewertung: ______________________________

____

c) „Denn des Menschen Wille ist sein Himmelreich, und Nettchen war just vor drei Tagen volljährig geworden und konnte dem ihrigen folgen." (S. 57, Z. 17–19)
Gib die Aussage des Zitates in eigenen Worten wieder und erläutere sie.

d) Im 5. Teil spielt (mehrmals) der „Zufall" (S. 47, Z. 22) eine entscheidende Rolle.
Finde die Textstellen in deinem Buch, markiere sie und gib sie in eigenen Worten wieder.

AB | S. 51
Motive

e) Erläutere dann die Bedeutung der Zufälle für den Verlauf der Handlung.

f) Wähle abschließend eine passende Überschrift für die 23. Episode aus oder finde eine eigene und trage sie in dein Buch ein.

- ☐ Eine gemeinsame Zukunft
- ☐ Nettchens Entscheidung
- ☐ Auf nach Seldwyla
- ☐ ____________________

Nachdem du die vier Episoden des fünften Teils bearbeitet hast, fehlt nur noch eine **Überschrift für Teil 5:**

Wähle eine der vorgegebenen oder entwirf eine eigene Überschrift.

Glück im Unglück | Nettchen ergreift die Initiative | Der Schneider und sein Nettchen

Notiere ungewöhnliche bzw. neue Redewendungen und Wörter.

Meine Sammlung der Redewendungen **und Wörter**

–

–

–

Teil 6 (S. 58–63)

EPISODENKARTE 24

Episode 24: S. 58, Z. 1–S. 60, Z. 21

Figuren: ☐ Protagonist: ______________________

☐ Melchior Böhni ☐ Amtsrat ☐ Nettchen

☐ Weitere wichtige Handlungsträger:

Orts-/Zeitangaben:

Aufgaben

a) Lies die 24. Episode.

b) Vervollständige den Lückentext.

Als Wenzel und Nettchen in Seldwyla ankommen, halten sie vor dem .... Die Menschen denken, es handle sich um eine .... Sie denken, sie hätten diese .... und freuen sich. Wenzel geht anschließend weiter in den „...“, ohne sich um die Gäste dort zu kümmern.

Am nächsten Morgen kommt .... zusammen mit .... nach Seldwyla und hält dort nur, weil sie .... vor dem Gasthaus stehen sehen. Aber Nettchen will nicht gleich mit ihrem Vater sprechen, außerdem hat sie .... engagiert. Der Amtsrat ist .... und überlegt, wie er Nettchen am besten .... Doch Nettchen braucht keine Hilfe, sondern ist ganz .... Sie bedankt sich für ...., die sie von ihrem Vater erhalten hat.

c) Fasse das Gespräch (inklusive des Ergebnisses) von Nettchen und ihrem Vater in deinen eigenen Worten kurz zusammen.

d) Als Wenzel, Melchior Böhni und der Rechtsanwalt zu diesem Gespräch dazukommen, spitzt sich die Lage zu. Beschreibe in eigenen Worten, wie der Rechtsanwalt die Ruhe bewahrt und das Ganze löst.

____

____

____

Produktive Schreibaufgabe 2

e) Auf dem Weg in den „Wilden Mann" gehen Wenzel viele Gedanken durch den Kopf. Er ist ganz aufgelöst und macht sich auch Sorgen um Nettchen und ihre gemeinsame Zukunft. Schreibe auf separate Blätter einen **inneren Monolog Wenzels**, in dem du auf diese Gedanken eingehst.

f) Wähle abschließend eine passende Überschrift für die 24. Episode aus oder finde eine eigene und trage sie in dein Buch ein.

☐ Vater und Tochter ☐ Der beste Rechtsanwalt ☐ „Entführung" nach Seldwyla

☐ ______________________________

EPISODENKARTE 25

Episode 25: S. 60, Z. 23–S. 63, Z. 6

Figuren: ☐ Protagonist: ____________

☐ Melchior Böhni ☐ Amtsrat ☐ Nettchen

☐ Weitere wichtige Handlungsträger:

Orts-/Zeitangaben:

Aufgaben

a) Lies die 25. Episode.

b) Auch in der Stadt löst der Anwalt etwas aus. Fasse in der oberen Sprechblase zusammen, was er in der Stadt erzählt.

Anwalt

c) Ergänze Gedanken- und Sprechblasen für die Menschen auf dem Bild und trage Aussagen oder Ausrufe ein, welche die Reaktionen der Seldwyler zeigen.

d) Kreuze an, was sich danach wirklich in Seldwyla abgespielt hat und was nicht. Korrigiere die falschen Angaben auf einem separaten Blatt.

	richtig	falsch
❶ Meister Böhni kommt mit einer großen Menschenmenge nach Seldwyla, um Nettchen heimzuholen.		
❷ Die Seldwyler bewaffnen sich und stellen sich den Goldachern in den Weg.		
❸ Eine große Polizeimacht muss zwischen den Gruppen schlichten.		
❹ Geistliche, Amtspersonen und andere Herrschaften verhandeln über den Ausgang des Streits.		
❺ Wenzel lässt sich von den Goldachern einschüchtern und will aufgeben.		
❻ Nettchen bleibt bei ihrer Entscheidung, Wenzel zu heiraten, und muss nun abwarten, ob es aufgrund Wenzels Vergangenheit Einwände gegen ihre Hochzeit geben wird.		
❼ Daraufhin meldet sich Melchior Böhni zu Wort und berichtet von den Taten des falschen Grafen.		
❽ Der Rechtsanwalt findet nichts, was gegen die Eheschließung spricht. Wenzel hat sich nichts zu Schulden kommen lassen und Nettchen ist volljährig.		
❾ Der einzig Schuldige in der ganzen Geschichte ist in den Augen des Rechtsanwaltes der Kutscher, der sich einen Spaß gemacht hat.		
❿ Der Krieg zwischen den Städten wird mit der Hochzeit beendet, allerdings ohne die Goldacher – diese sind nicht eingeladen.		

e) Nach „zehn oder zwölf Jahren" (S. 63, Z. 1–2) blickt Wenzel auf seine letzten Jahre zurück und schreibt einen **Tagebucheintrag**. Darin geht er auf die Hochzeit, ihre Ehejahre, die Familiengründung, seine Beziehung zu Nettchen und seine Zukunftspläne ein. Verwende ein separates Blatt.

Produktive Schreibaufgabe 3

f) Wähle abschließend eine passende Überschrift für die 25. Episode aus oder finde eine eigene und trage sie in dein Buch ein.

☐ Keine Einwände ☐ Nettchens Entscheidung ☐ Die Hochzeit

☐ ______________________________

Nachdem du die zwei Episoden des letzten Teils bearbeitet hast, fehlt nur noch eine Überschrift für Teil 6:

Wähle eine der vorgegebenen oder entwirf eine eigene Überschrift.

Showdown | Die Hochzeit | Und sie lebten glücklich …

Notiere ungewöhnliche bzw. neue Redewendungen und Wörter.

Meine Sammlung der Redewendungen und Wörter

–

–

–

Figurenverständnis und Figurenkonstellation

Die Handlung im Überblick: Entwicklung – Figuren – Ereignisse

➲ Aufgaben

a) Drucke die Seite *Ausschneidebogen: Handlung im Überblick* aus dem Downloadbereich aus.
b) Bearbeite die Aufgaben, die auf dem Ausschneidebogen angegeben sind.
c) Trage in die oberen Zeilen des Schaubilds auf dieser Doppelseite die Orte und die Zeitangaben (erzählte Zeit) ein.

Zeit:

Ort:

Historische Zeit: ca.

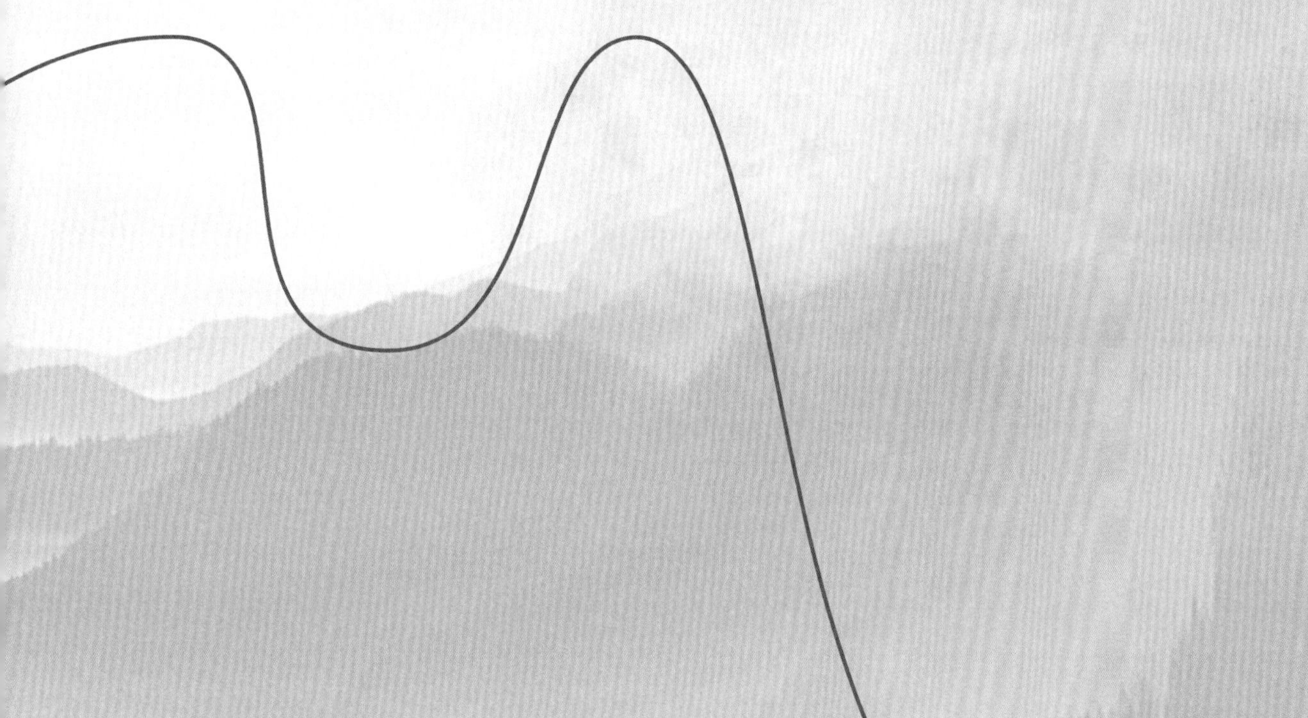

Figurenporträt Wenzel Strapinski

➲ Aufgabe 1

Greife auf deine bereits auf den Seiten 4–37 erarbeiteten Informationen zurück und trage sie stichwortartig bei den jeweiligen Rubriken ein. Denke dabei auch an wichtige Zitate.

Charaktereigenschaften

Äußerliches

Verhaltensweisen

Biografie

Gedanken und Wünsche

Lebensverhältnisse

Beziehung zu Nettchen

Familie

➲ Aufgabe 2

Zu Beginn ist Wenzel ein „armes Schneiderlein“ (S. 7, Z. 1–2). Am Ende wird er als „angesehener Mann“ (S. 63, Z. 4), „rund und stattlich und [...] beinah gar nicht mehr träumerisch“ (S. 62, Z. 28–29) beschrieben. Stelle seine Entwicklung auf einem separaten Blatt in einer Lebenskurve grafisch dar und beschrifte deine Darstellung mit Stichworten (vgl. 1., 2., 3.). Tauscht euch über eure Darstellungen aus.

1. „armes Schneiderlein“, arbeitslos und einsam
2. Erleichterung: Kutscher nimmt ihn mit.
3. im Gasthof: schüchtern, Unwohlsein

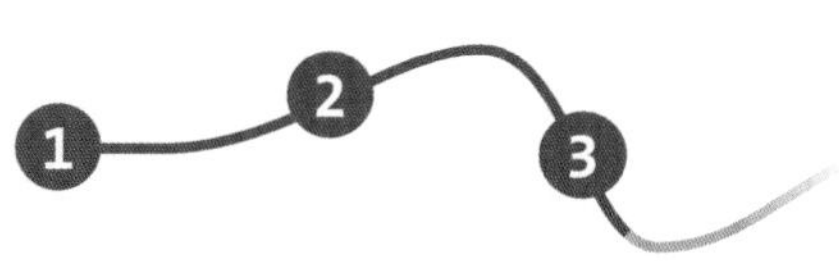

Figurenporträt Nettchen

Aufgabe 1

Greife auf deine bereits auf den Seiten 4–37 erarbeiteten Informationen zurück und trage sie stichwortartig bei den jeweiligen Rubriken ein. Denke dabei auch an wichtige Zitate.

Charaktereigenschaften

Verhaltensweisen

Äußerliches

Gedanken und Wünsche

Biografie

Beziehung zu Wenzel

Lebensverhältnisse

Familie

Aufgabe 2

Als Nettchen das erste Mal auftritt, wird sie als „hübsches Fräulein, äußerst prächtig […] und mit Schmuck reichlich verziert" (S. 22, Z. 22–23) eingeführt. Am Ende heiratet sie Wenzel und wird als „Nettchen, die Strapinska" (S. 63, Z. 3) bezeichnet.
Stelle ihre Entwicklung auf einem separaten Blatt in einer Lebenskurve grafisch dar und beschrifte deine Darstellung mit Stichworten (vgl. 1., 2., 3.). Tauscht euch über eure Darstellungen aus.

1. „hübsches Fräulein", vom Vater vorgestellt
2. Reaktion auf Wenzel: errötet, ist gerührt
3. reitet allein in die Stadt

Figurenporträt Melchior Böhni

➲ Aufgabe 1

Greife auf deine bereits auf den Seiten 4–37 erarbeiteten Informationen zurück und trage sie stichwortartig bei den jeweiligen Rubriken ein. Denke dabei auch an wichtige Zitate.

Lebensverhältnisse

Äußerliches

Gedanken und Wünsche

Beziehung zu Wenzel

Beziehung zu Nettchen

➲ Aufgabe 2

Definiere in eigenen Worten die Rolle Melchior Böhnis über das gesamte Buch hinweg. Gehe dabei auch auf sein Verhalten in den jeweiligen Episoden ein.

____

____

____

____

Figurenkonstellation: Wenzel – Nettchen – Melchior Böhni

➲ Aufgabe

Stelle die Beziehungen zwischen den drei Figuren grafisch dar. Beschrifte die Grafik mit Stichworten und Symbolen.

TIPP

Arbeite mit Symbolen, um beispielsweise die Gefühle zueinander darzustellen. Vergiss aber nicht, diese dann in einer Legende zu erklären.

Merkmale des Erzähltextes

Information

Der Fachbegriff für Erzähltexte wie z. B. *Kleider machen Leute* ist **die Novelle**. Auf den folgenden Seiten lernst du die **Merkmale und den Aufbau dieser Textsorte** kennen.
Ein weiteres Thema sind allgemeine Beobachtungen zur **Erzählform**, wie du sie auch von anderen epischen Texten her kennst (z. B. **Erzähler, Erzählperspektive**).
Von spezieller Art ist **Gottfried Kellers Sprache**, die eine Vielfalt von Untersuchungen ermöglichen würde. Hier sollen die sprachlichen Auffälligkeiten betrachtet werden, die vor allem für dein **Verständnis des Textes und seiner Entstehungszeit** sowie **Kellers Leben** wichtig sind. Eng damit verbunden sind **Stilmittel, Symbole, Ironie und Redensarten**.

Viel Freude beim Erforschen einer besonderen Kunstform der Literatur!

Kennzeichen der Novelle

Aufgaben

a) Die folgenden Merkmale der Novelle (linke Spalte) sind dir bereits beim Lesen begegnet. Nun sollen sie gezielt betrachtet werden. Ordne sie daher den Beschreibungen (rechte Spalte) zu, indem du Verbindungslinien (s. Beispiel) einfügst.

ein Handlungsstrang	zeigt die Wirkung, die besondere Kleidung haben kann
Ähnlichkeiten zum Drama	ist auf ein wesentliches Thema bezogen
überwiegend vorstellbares Geschehen	keine zusätzlichen Nebenhandlungen
„eine sich ereignete, unerhörte Begebenheit" (Johann Wolfgang von Goethe)	äußere Zeichen oder Gegenstände haben Bedeutung für Protagonisten und Geschehen
ein besonderes, nicht alltägliches Schicksal einer Figur	Beschränkung auf zwei Kleinstädte, die nicht weit entfernt sind
ein oder mehrere Symbol/e vorhanden	klares Ergebnis: eine Lösung des Konflikts
eher mittlere Länge des Erzähltextes	außergewöhnliches Ereignis
Einheit der Orte (bzw. Region)	bedeutet „kleine Neuigkeit"
von italienisch *novella*	Zuspitzung auf einen Höhe- und Wendepunkt
überschaubare Zahl der Figuren	November bis Fasching
eher geringer Umfang der erzählten Zeit	kürzer als Roman und länger als eine Kurzgeschichte
„epische Schwester des Dramas" (Theodor Fontane)	Wenzel, Nettchen, ihr Vater, der Amtsrat, und Melchior Böhni als Haupthandlungsträger
Abgeschlossenheit der Handlung	enge Verwandtschaft zum Schauspiel
beinhaltet einen zentralen Konflikt	bedeutsame Wende im Leben einer Figur

b) Verfasse auf einem separaten Blatt einen erklärenden Text mit der Überschrift „Die Novelle":

→ Nummeriere dazu die Angaben in der linken Spalte der Reihe nach.
→ Verwende die wichtigsten Angaben und formuliere den Text.
→ Achte auf den logischen Zusammenhang.

Die Erzählform

Teste dein Vorwissen

Du hast bereits einige Aufgaben zu den Besonderheiten des Erzählers in *Kleider machen Leute* bearbeitet. Hier vertiefst du deine Kenntnisse. Notiere an Textstellen, in denen du den Erzähler deutlich erkennst, *Erz.* am Rand.

➲ Aufgabe 1

a) Fülle die Lücken der Grafik mit folgenden Aspekten:

- Außenwahrnehmung ohne Innensicht
- Denken und Fühlen **einer** Figur
- Überblick und Einblick in alles

1. **auktorialer Erzähler** *oder ...* **2.** **personaler Erzähler** *oder ...* **3.** **neutraler Erzähler**

______________ ______________ ______________

______________ ______________ ______________

→ **Wiedergabe der Geschichte** ←

b) Notiere an den Pfeilen die jeweils passenden Besonderheiten:

Distanz wie Kamera | Blick einer Figur | Eingriffe in den Handlungsverlauf

c) Welcher Erzähler begegnet dem Leser in *Kleider machen Leute*? ______________

d) Welche Erzählform liegt vor? ☐ Ich-Erzählform ☐ Er-/Sie-Erzählform

➲ Aufgabe 2

a) Benenne die Textsorten der folgenden Textausschnitte in der Tabelle.
Wähle zwischen Beschreibung, Bericht, Erzählung mit Innensicht, Szene, Kommentar.

b) Ergänze erläuternde Stichworte zur Erzählweise, z.B.: Redewiedergabe, Distanz, Neutralität, Nähe, Gedanken und Gefühle einer Figur, Un-/Verständnis, Wertung, Kritik, Sachlichkeit, Humor, Vorausdeutung, Unsicherheit, Zweifel.

Textausschnitt	
S. 15, Z. 14–17: „Der Kutscher, ein schalkhafter und durchtriebener Kerl, versetzte: »Hat er es noch nicht selbst gesagt?« »Nein«, hieß es, und er erwiderte: »[...] [D]er spricht nicht viel in einem Tage; nun es ist der Graf Strapinski!«“	**Textsorte:** **Erzählweise:**
S. 44, Z. 19 u. 23–25: „Unser Schneider aber weinte bitterlich über sich [...]. Das Unglück und die Erniedrigung zeigten ihm [...] das verlorene Glück und machten aus dem unklar verliebten Irrgänger einen verstoßenen Liebenden.“	**Textsorte:** **Erzählweise:**
S. 47, Z. 10–11: „Warum Nettchen jenen Weg eingeschlagen, ob in der Verwirrung oder mit Vorsatz, ist nicht sicher zu berichten.“	**Textsorte:** **Erzählweise:**
S. 61, Z. 24–27: „[...] [D]er Rechtsanwalt [...] ermittelte, daß den fremden jungen Mann weder in seiner Heimat noch auf seinen bisherigen Fahrten auch nur der Schatten eines bösen Leumunds getroffen habe [...].“	**Textsorte:** *Bericht* **Erzählweise:**
S. 63, Z. 5–6: „Aber in Seldwyla ließ er nicht einen Stüber zurück, sei es aus Undank oder aus Rache.“	**Textsorte:** **Erzählweise:**

Gottfried Kellers Sprache

Ein Blick in Sprachverwendung und Sprachgeschichte

Bereits die ersten Zeilen der Novelle weisen eine andere Sprachverwendung als in modernen Romanen auf. Daher sind viele Wörter und Wendungen, die du recherchieren müsstest, am Rand erklärt.
Die Sprache Gottfried Kellers ist überwiegend die seiner Lebens-, Berufs- und literarischen Schaffenszeit. Manche Wörter haben im Laufe der Zeit einen Bedeutungswandel erfahren. Das ist ein Kennzeichen der Sprachgeschichte.
Die Sprache Kellers ist aber auch die Ausdrucksweise, die er seiner Erzählerfigur in den Mund gelegt hat. An einigen Ausdrücken erkennt man jedoch besondere Wendungen des Schweizerdeutschen und den Volksmund – also: Wie spricht das einfache Volk? Durch Wenzel lernst du ebenso die künstlich gehobene, gestelzte Sprache kennen, die er sich zum Teil mühevoll aneignet, indem er ein aufmerksamer Beobachter ist.

Aufgabe 1

a) Teste dein Sprachgefühl, das du durch die Lektüre dieser Novelle erworben hast. Markiere zu den Zitaten in der linken Spalte das synonyme oder bedeutungsähnliche Wort in den rechten Spalten.

S. 8, Z. 22 „kümmerlich“	spärlich	bedauernswert	traurig
S. 14, Z. 4: „genugsam“	geduldig	genügend	lange genug
S. 14, Z. 14: „leichtlich“	leichthin	vielleicht	kaum
S. 22, Z. 5–6: „aufgedrungenes“	üppiges	aufgedrängtes	großartiges
S. 22, Z. 13–14: „vortrefflich“	hervorragend	treffend	angeberisch
S. 23, Z. 2: „Blödigkeit“	Dummheit	Scham	Schüchternheit
S. 57, Z. 4: „wackern“	draufgängerischen	rachsüchtigen	tapferen
S. 60, Z. 7: „standhafte“	freche	beherrschte	gefestigte
S. 60, Z. 18: „Austrag“	Schluss	Ausgang	Entscheidung

b) Das Wort „Handel“ kommt heute noch in einer leicht veränderten Form vor. Finde zwei Synonyme, indem du dir das Wort aus dem Sinnzusammenhang der folgenden Zitate erklärst.

S. 56, Z. 15–17: „ […] Mutter Natur hatte hier eines ihrer Geheimnisse angewendet, um den schwierigen Handel zu Ende zu führen.“
S. 59, Z. 27–29: „Herr Melchior Böhni sei es, der bereit sei, […] den ganzen Handel niederzuschlagen […].“

„Handel“: ______________________________

c) „Übersetze“ den folgenden Satz in eine heute zeitgemäße Standardsprache.

S. 60, Z. 6–7: „Es gab nun ein fruchtloses Hin- und Widerreden, welches die standhafte Schöne endlich doch zum Tränenvergießen brachte.“

„Übersetzung“: ______________________________

Aufgabe 2

In der Grammatik fallen ebenfalls Unterschiede auf, so z. B. bei folgenden Wendungen auf Seite 7, Zeile 1:
„An einem unfreundlichen Novembertage […].“
Notiere ähnliche Dativ-Formulierungen aus dem Abschnitt S. 58, Z. 1–5:

____

____

Symbole

Symbole in Novellen

Symbole sind Zeichen, die in der Bedeutung über sich hinausweisen, eine schnelle gedankliche Verknüpfung mit dem gemeinten Sachverhalt ermöglichen (z. B. #, der Hashtag ist ein Symbol und Zeichen) und deshalb in Texten eine besondere Funktion haben. Zu unterscheiden sind Dingsymbole von Symbolen, die gezielt nur an einer oder wenigen Stellen eingesetzt sind, um auf einen bestimmten Sinnzusammenhang hinzuweisen. In Novellen ist meist ein zentrales Dingsymbol vorhanden; in *Kleider machen Leute* ist dies der „Radmantel“. Daneben nimmt auch der „Fingerhut“ eine bedeutsame symbolische Stellung ein.

Aufgabe 1

a) Strapinskis Mantel ist ein handlungstragendes Element. Vom „weiten dunkelgrauen Radmantel“ (S. 7, Z. 15–16) zum „Mantelträger“ (S. 12, Z. 1) und schließlich zum noblen Herrn Grafen. Beschreibe die Funktion dieses Kleidungsstücks in Verbindung mit *Kleider machen Leute*. Verwende ein separates Blatt.

b) Der „Fingerhut“ (S. 7, Z. 4) ist ein ständiger Begleiter.
Welche Bedeutung hat er für die Figur Wenzel Strapinski?
Lies dazu auch die Textstelle S. 26, Z. 30–S. 27, Z. 13.

Gottfried Keller mit Radmantel, 1841, Johann Conrad Werdmüller, Quelle: Zentralbibliothek Zürich, Lizenz: gemeinfrei

c) Kreuze in der folgenden Aufzählung die Objekte an, die deiner Meinung nach weitere Symbole in *Kleider machen Leute* sind.

☐ Fortuna ☐ Kutsche ☐ „Teich Bethesda“ ☐ Handschuhe

Nomen est omen – diese lateinische Redensart ist dir sicher schon begegnet. Wenn nicht, so kennst du das Nomen aus der Grammatik, wo es oft unzureichend als „Namenwort“ bezeichnet wird. Im Lateinischen heißt es aber tatsächlich „der Name“. Ein „gutes Omen“ kennst du: „gutes Vorzeichen“. Manche Autoren wählen die Namen der Figuren oder der Orte mit Hintergedanken. Sie verbinden diese Namen mit einer symbolischen Bedeutung.

Aufgabe 2

a) Wie übersetzt du nun diese lateinische Redensart?

Notiere deine Lösung: ____________________

b) Folgende Namen haben einen namenssymbolischen Hintergrund. Bringe Ordnung in die Namen und ihre tiefere Bedeutung, indem du die Ziffer der Erklärung hinter den Namen einträgst.

Wenzel	Strapinski	Nettchen	Böhni
Pütschli-Nievergelt	Seldwyla	Goldach	„Gasthof zur Waage“

1 Sinnbild ausgleichender Gerechtigkeit
2 Kurz- und Verniedlichungsform von frz. Anette, kurz: Anna
3 eine wahre Quelle des Geldes, des Reichtums
4 veränderter Name zweier Betrüger in der Schweiz
5 von slaw. Wenzeslaus, „der Berühmte“ und deutsch auch „Diener“, „Knecht“ (s. „scharwenzeln“ = „zu Diensten sein“)
6 abfällig: kleine Bohne
7 Schweizerisch „Putsch“ = kräftiger Stoß; vergelten = heimzahlen
8 mhd. „sælde“ = „Glück“ und „wyl“ als kleiner Ort, Weiler

Der poetische Stil

Stilmittel

In der Dichtkunst werden, wie in allen Künsten, Mittel eingesetzt, die sich vom Alltagsgebrauch unterscheiden. Stilmittel aus dem Bereich der Bildersprache tragen dazu bei, dass der Leser sich im wahrsten Sinne ein Bild machen kann oder aber durch die Verknüpfung des Bedeutungsbereichs (Denotation: „Katzenauge" als Auge einer Katze) mit dem Bildbereich (Konnotation: „Katzenauge" als Reflektor am Fahrrad) zu höheren Einsichten gelangen kann.

Aufgabe

In der folgenden Übersicht werden einige Stilmittel und Stilrichtungen erklärt. Darunter findest du je ein Beispiel. Suche auf den angegebenen Seiten weitere Beispiele und zitiere diese mit Zeilenangaben. Markiere sie im Buch.

die Hyperbel = eine unrealistische Übertreibung Bsp.: „tausendmal mich um Verzeihung bittend" (S. 54, Z. 10–11) S. 41: S. 49:	**die Metapher** = ein sprachliches Bild, ein Begriff, den es in der Realität nicht gibt Bsp.: „eine Art moralisches Utopien" (S. 29, Z. 7) S. 42: S. 56:	**der Neologismus** = eine Wortneuschöpfung; ein Wort, das es so nicht gibt Bsp.: „Mantelträger" (S. 12, Z. 1) S. 12: S. 25:
die Personifikation = Dinge mit menschlichen Eigenschaften oder Verhaltensweisen Bsp.: „[...] daß die Torheit der Welt ihn [...] zu ihrem Spießgesellen gemacht hatte." (S. 43, Z. 28–30) S. 23: S. 48:	**der realistische Stil** = Epoche Realismus (vgl. S. 50) Bsp.: „Denn er hatte wegen des Falliments irgendeines Seldwyler Schneidermeisters seinen Arbeitslohn mit der Arbeit zugleich verlieren [...] müssen." (S. 7, Z. 8–10) S. 10: S. 44:	**der romantische Stil** = Epoche Romantik (vgl. S. 50) Bsp.: „Seltsam aufgeregt und bekümmert ging er hinweg, nahm seinen famosen Mantel um und schritt mit wehenden Locken [...]." (S. 33, Z. 25–26) S. 52: S. 57:
die Untertreibung = Fachbegriff ‚Litotes' (auch Abschwächung, Milderung) Bsp.: „nicht ganz der Zufall" (S. 47, Z. 21–22) S. 23: S. 47:	**der Vergleich** = Veranschaulichung durch „wie" oder „als ob" Bsp.: „wie ein Toter" (S. 43, Z. 2) S. 47: S. 57:	**der Widerspruch** = Fachbegriff ‚Oxymoron' Bsp.: „sanft[e] Festigkeit" (S. 59, Z. 6) S. 49: S. 50:

Ironie – die Erzählweise des Erzählers

Aussageweisen

Der Erzähler erweist sich als lenkende Kraft in dieser Novelle. Er ist sozusagen der Herrscher über die Auswahl des Erzählstoffs und dessen Gestaltung. Er dehnt und rafft die erzählte Zeit, spart aus oder erzählt zeitdeckend. In unterschiedlichen Textformen (vgl. S. 44) mischt er sich ein oder hält sich zurück. Dasselbe gilt für die Aussageweise. Der Erzähler zeigt u. a. Nähe oder Distanz, Empathie oder Kritik. Das vorherrschende Kennzeichen seines Erzähltons ist aber die Ironie, die in verschiedenen Spielarten und Absichten zum Einsatz kommt.

Aufgaben

a) Sprecht über folgende Zitate: Ordnet sie in die Handlungsabfolge ein, erzählt den Kontext und beschreibt die Art der Ironie, die der Erzähler einsetzt. Begründet jeweils den Einsatz der ironischen Ausdrucksweise.

b) Nutzt dazu diese Stichwörter und notiert sie zu den entsprechenden Zitaten (Mehrfachnennungen):
Verniedlichung, Lächerlichkeit, Humor, Ungenauigkeit bei wichtigen Angaben als Witz, Untertreibung, Verklärung, witziger Gebrauch von Sachbegriffen, Kitsch, schelmisch, augenzwinkernd, indirekte Kritik, Übertreibung, ungewöhnlicher Vergleich, unglaublicher „Zufall", lustige Wortneuschöpfung bzw. Ausdrucksweise.

„So ward er rasch zum Helden eines artigen Romanes, an welchem er gemeinsam mit der Stadt und liebevoll arbeitete […]." (S. 31, Z. 13–15)

„[Nettchen] tat einen tüchtigen Schneuz […]." (S. 46, Z. 11–12)

„[…] Nettchen sagte gerührt: „Ach, das Nationale ist immer so schön!" Glücklicherweise verlangte niemand die Übersetzung dieses Gesanges." (S. 24, Z. 27–29)

„[…] Werk der […] heidnischen und christlichen Nahtbeflissenen aller Art […]" (S. 38, Z. 4–5)

„[…] nicht nur ein Fläschchen Tokajer, sondern auch ein Krügelchen Bocksbeutel […]." (S. 16, Z. 10–12)

„[…] Graf Strapinski […] hielt den rechten Zeitpunkt einer geräuschlosen Beurlaubung für gekommen." (S. 22, Z. 1–4)

„[…] und er nach zehn oder zwölf Jahren mit ebenso vielen Kindern […] nach Goldach übersiedelte […]." (S. 63, Z. 1–4)

„ […] da in diesem Lande keine Männer zusammensein konnten, ohne zu spielen, wahrscheinlich aus angeborenem Tätigkeitstriebe." (S. 19, Z. 13–15)

„[…] welch ein Kern sich aus so unerhörter Schale enthülsen werde […]." (S. 8, Z. 31 – S. 9, Z. 1)

„Der Amtsrat war durch irgendein plötzliches Ereignis verhindert worden mitzufahren […]." (S. 36, Z. 9–10)

„Dabei wurde er rund und stattlich und sah beinah gar nicht mehr träumerisch aus […]." (S. 62, Z. 28–29)

Redensarten

Redewendungen, Redensarten, Sprichwörter

Im Englischen begegnen dir *idioms* als Wörter oder Wendungen im übertragenen Sinne. Redensarten gehören ebenso wie Redewendungen und Sprichwörter zu idiomatischen Wortverbindungen. Gottfried Keller setzt Redensarten aus verschiedenen Bereichen ein, woraus man seine literarische Bildung und sein Sprachgefühl ableiten kann.

Idiomatisch bedeutet „besonders" oder auch „eigenartig".

Aufgaben

a) Im Kapitel „Den Inhalt erschließen und sichern" (S. 4–37) hast du jeweils am Ende eines Leseabschnitts neben unbekannten Wörtern auch Redensarten notiert. Kreuze im Folgenden an, welche du aufgeschrieben hast und erklären kannst.

✓	Redensart	Bildbereich
	„[...] ohne daß er etwas Schlimmes oder Betrügerisches [...] im Schilde führte [...]." (S. 7, Z. 20–21)	
	„[...] daß der Fußgänger sich [...] durch die Welt schlug." (S. 8, Z. 21–22)	
	„sanft wie ein Lämmlein" (S. 12, Z. 1–2)	Fabel
	„so ließ er sich in Gottes Namen nieder" (S. 12, Z. 23)	
	„mit dem Mute der Verzweiflung" (S. 14, Z. 19)	
	„Gesagt, getan;" (S. 14, Z. 19) „Und wie gesagt, so getan!" (S. 57, Z. 13)	
	„[...] und dem guten Schneider aufs Kerbholz gebracht" (S. 15, Z. 27–28) – ungewöhnliche Ausdrucksweise; evtl. Anspielung auf „etwas auf dem Kerbholz haben"	
	„die sich mit fremden Pfauenfedern schmückte" (S. 40, Z. 16)	
	„ein Wolf, der sich einen Schafspelz zurechtschneiderte" (S. 40, Z. 17–18)	
	„wohl schon mehr als ein armes Frauenzimmer auf dem Gewissen" haben (S. 55, Z. 2–3)	Liebe, Beziehung
	„Denn des Menschen Wille ist sein Himmelreich [...]." (S. 57, Z. 17–18)	
	„[...] er presse ihnen das Blut unter den Nägeln hervor." (S. 62, Z. 27)	Schuldenwesen

b) Besprecht die Bedeutung der Redensarten, die euch unklar sind. Recherchiert im Internet. Findet Begriffe für den Bildbereich, auf den die Redensart anspielt (s. Beispiele).

c) Recherchiert Redensarten zum Begriffsfeld *Kleidung*. Notiert vor allem jene, die in einem engeren Zusammenhang zu *Kleider machen Leute* stehen. Schreibt sie auf ein separates Blatt.

d) Sprachforscher gefragt: Was heißt die lateinische Wendung *Vestis virum reddit*?

Übersetzung: ______________________________

Themen und Motive

Information

Die Novelle *Kleider machen Leute* war bereits im 19. Jahrhundert in Deutschland sehr beliebt und zählt auch heute noch an vielen Schulen zum Pflichtstoff. Wie du bereits gesehen hast, sind in diesem Erzähltext viele unterschiedliche Themen verknüpft. Gottfried Kellers Lebenslauf dokumentiert ein bewegtes Privatleben, in dem unerfüllte Liebe und Trauer eine besondere Rolle spielten. Zugleich war er ein politisch denkender und aktiv engagierter Mensch in der Zeit der Entstehung der Nationalstaaten. Gleichzeitig richtete sich sein Blick in der literarischen Epoche des Realismus kritisch und mit Sorge auf die gesellschaftliche Wirklichkeit. Durch seine literarische Bildung und Kontakte mit anderen Schriftstellern tauchten auch bekannte Motive und Stoffe in seiner Erzählkunst auf, z. B. Märchen von Wilhelm Hauff und den Gebrüdern Grimm.

➲ Aufgabe

Diskutiert die in den Abbildungen angedeuteten Themen.
Tragt wichtige Stichpunkte zu jedem Thema ein.

Viel Freude beim Entdecken einer berühmten literarischen Verstrickung des 19. Jh.!

Motive – Glück und Zufall

Motive

Der Begriff Motiv geht auf eine lat.-frz. Wurzel zurück und bedeutet Anlass, Beweggrund. In der Literatur begleitet ein Motiv die Handlung und fällt durch Wiederholungen auf. Motive sind kleinere Einheiten des Erzählstoffs; sie sind daher kein Thema, da dieser Begriff viel oberflächlicher gemeint ist. Der Novelle *Kleider machen Leute* liegt ein **Motivgeflecht** zugrunde: „Glück" und „Zufall" hängen zusammen und bedingen sich gegenseitig.

Aufgabe 1

Kreuze die Deutung an, die dir stimmig erscheint.

S. 12, Z. 4–5: „golden[e] Freiheit der Landstraße [...] als das höchste Glück"

- ☐ *Wenzel fühlt sich trotz des üppigen Mahls im Gasthof unwohl und sieht seinen Wanderweg als „Glück" an.*
- ☐ *Wenzel ist ein genügsamer Mensch und sieht Armut und Entbehrung als wahres Glück an.*

S. 23, Z. 25–28: „Aber dennoch empfand er dies Glück und sagte sich zum voraus: Ach, einmal wirst du doch in deinem Leben etwas vorgestellt und neben einem solchen höhern Wesen gesessen haben."

- ☐ *Wenzel wägt erneut eine Flucht ab und tröstet sich mit dem Gedanken, wenigstens einmal ein Mann von Bedeutung und in Gesellschaft einer höherstehenden Frau zu sein.*
- ☐ *Wenzel weiß genau, dass dieses Glück nicht von Dauer ist, aber immerhin ist ihm eine anbetungswürdige Frau vorgestellt worden.*

S. 30, Z. 8–15: „Da stand er nun, gleich dem Jüngling am Scheidewege, auf einer wirklichen Kreuzstraße; [...] Glück, Genuß und Verschuldung, ein geheimnisvolles Schicksal winkten dort; von der Feldseite her aber glänzte die freie Ferne; Arbeit, Entbehrung, Armut, Dunkelheit harrten dort, aber auch ein gutes Gewissen und ein ruhiger Wandel [...]."

- ☐ *Wenzel ist in einer Zwickmühle: Wählt er den Weg der Lebensfreude und Schuld oder der Not und Ehrlichkeit?*
- ☐ *Wenzel findet das genießerische Leben in Goldach besser als sein bisheriges Leben.*

S. 47, Z. 31–S. 48, Z. 2: „Was sind Glück und Leben! von was hängen sie ab? Was sind wir selbst, daß wir wegen einer lächerlichen Fastnachtslüge glücklich oder unglücklich werden?"

- ☐ *Nettchen philosophiert über den Sinn von Glück und Dasein.*
- ☐ *Nettchen ärgert sich über den Einfluss des Possenspiels auf ihr Lebensglück.*

S. 52, Z. 6–8: „Ich wäre mit dir in die weite Welt gegangen, und nachdem ich einige kurze Tage des Glückes mit dir gelebt, hätte ich dir den Betrug gestanden und mir gleichzeitig den Tod gegeben."

- ☐ *Wenzel ist ein romantischer Träumer, der ein kurzes Eheglück mit dem Leben bezahlt hätte.*
- ☐ *Wenzel will bei Nettchen Mitleid erregen und sich als Helden darstellen.*

Aufgabe 2

Zufall und Schicksal ... Finde auf den angegebenen Seiten Situationen, in welchen sich teils fast „märchenhafte" Zufälle ereignen. Notiere die Zeilen und formuliere eine Überschrift für das Ereignis.

S. 15, Z. 30–S. 16, Z.	
S. 24, Z.	
S. 47, Z.	
S. 56, Z.	

Schein und Sein

„»Ich bin nicht ganz so, wie ich scheine! […] [I]ch bin ein armer Narr […]!«“

➲ Aufgaben

a) Sprecht über dieses Bekenntnis Wenzels (S. 51, Z. 10–11).

b) Sammelt Redensarten und Begriffe aus der Wortfamilie „scheinen“.
Dazu lohnt sich ein Blick in Herkunfts- oder Bedeutungswörterbücher oder ins Internet.
Notiert euer Ergebnis auf ein separates Blatt.

c) Stelle in der folgenden Tabelle Beschreibungen von Wahrnehmungen und Ereignissen gegenüber, die den „Augenschein“ und die tatsächliche Figur Wenzels betreffen. Vergleiche ebenso die Goldacher Bürger und Melchior Böhni.

Figur/en	Wirkung	Wirklichkeit
Wenzel 		
Goldacher Bürger 		
Melchior Böhni 		

Zeichnung von Harrison Weir, 1884

d) Wenzel Strapinski wird mit dem Pantomimenspiel auf der Verlobung ein Spiegel vorgehalten. Sprecht über die Tierfiguren und bildhaften Vergleiche, die die Seldwyler einsetzen. Treffen die Vergleiche auf Wenzel zu?

Seldwyla und Goldach – Orte in „Utopien“

Information

Seldwyla

Ein Dorf dieses Namens wurde in der Schweiz 1967 von mehreren Architekten in freier Anlehnung an den berühmten Novellenzyklus (Sammlung mehrer Novellen, die einen inneren Zusammenhang haben) erbaut. Eine reale Stadt dieses Namens hat es jedoch nie gegeben. Wie auch Goldach ist das literarische Seldwyla ein fiktiver Ort.

Goldach

Die kleine Stadt Goldach erscheint Wenzel durch die Häusernamen wie ein moralisches Utopien (Betonung auf o, da dieses Wort kein Plural von Utopie ist, sondern eine illusorische Vorstellung eines Fantasielandes bezeichnen soll).

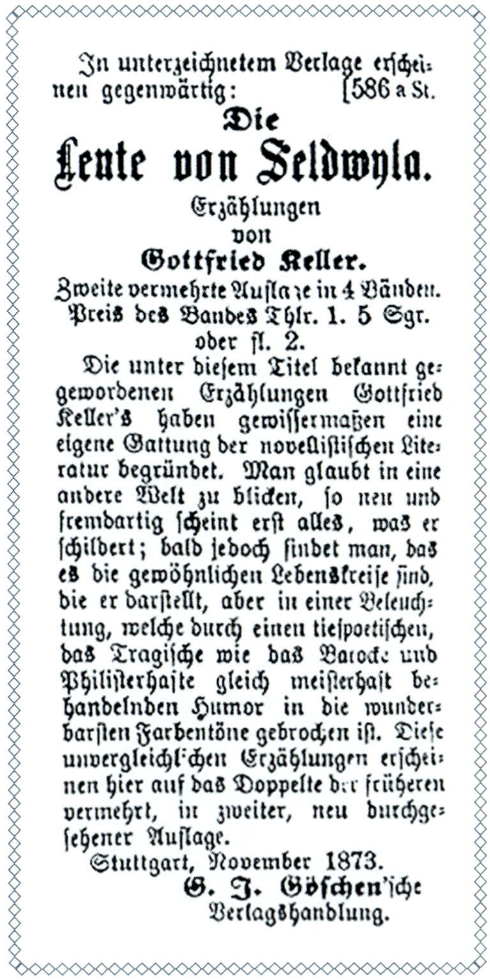
In unterzeichnetem Verlage erschei-
nen gegenwärtig: [586 a St.
Die
Leute von Seldwyla.
Erzählungen
von
Gottfried Keller.
Zweite vermehrte Auflage in 4 Bänden.
Preis des Bandes Thlr. 1. 5 Sgr.
oder fl. 2.

Die unter diesem Titel bekannt gewordenen Erzählungen Gottfried Keller's haben gewissermaßen eine eigene Gattung der novellistischen Literatur begründet. Man glaubt in eine andere Welt zu blicken, so neu und fremdartig scheint erst alles, was er schildert; bald jedoch findet man, das es die gewöhnlichen Lebenskreise sind, die er darstellt, aber in einer Beleuchtung, welche durch einen tiefpoetischen, das Tragische wie das Barocke und Philisterhafte gleich meisterhaft behandelnden Humor in die wunderbarsten Farbentöne gebrochen ist. Diese unvergleichlichen Erzählungen erscheinen hier auf das Doppelte der früheren vermehrt, in zweiter, neu durchgesehener Auflage.

Stuttgart, November 1873.
G. J. Göschen'sche
Verlagshandlung.

Verlagsanzeige für *Die Leute von Seldwyla* 1873, gemeinfrei

Aufgaben

a) Teilt euch in zwei Großgruppen auf: Die eine sucht Textstellen in der Novelle, die von oder in Seldwyla handeln; die andere geht ebenso vor in Bezug auf Goldach. Es geht um Wahrnehmungen Wenzels oder Erzählerkommentare.

b) Vervollständigt in Partnerarbeit (je ein/e Seldwyla-, ein/e Goldach-Spezialist/in) die Grafik, indem ihr wichtige Ereignisse in Stichworten eintragt. Veranschaulicht die chronologische Entwicklung mithilfe von Pfeilen, die ihr ebenfalls beschriften oder mit Symbolen versehen könnt.

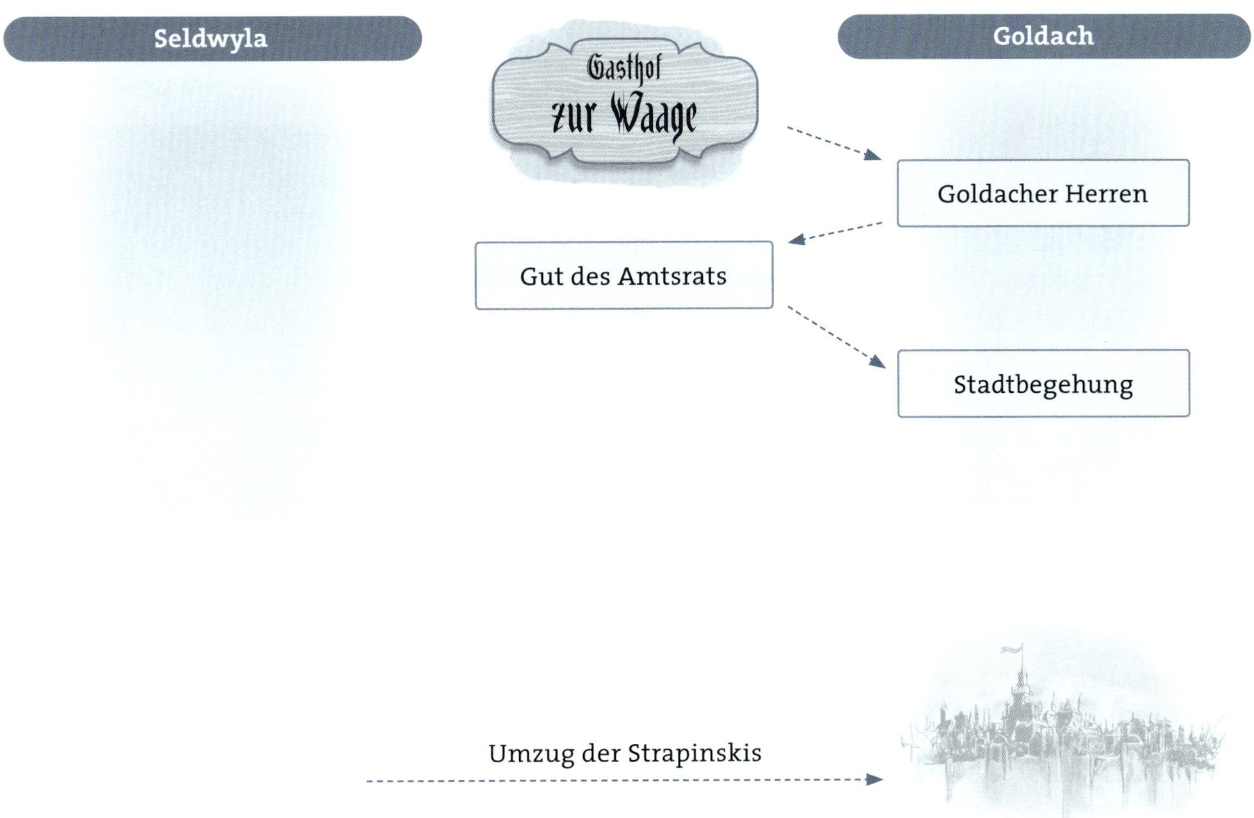

c) Warum zieht die Familie Strapinski am Ende nach Goldach um? Schreibe drei Sätze auf ein separates Blatt.

Gottfried Keller – ein Schweizer Autor und seine Zeit

➲ Aufgabe

Erstelle ein **Lernplakat** zu Gottfried Keller, seinem privaten, politischen und beruflichen Leben, seiner Zeit und seinem Werk *Kleider machen Leute*. Informiere dich dazu im Anhang deines Buches S. 66–71 und im Internet. Verwende zur Illustration Abbildungen, die „gemeinfrei“ (urheberrechtlich zur Weiterverwendung freigegeben) sind, wie die hier verwendeten.
Alternativ kannst du eine **Prezi-Präsentation** erstellen. Informiere dich auf Prezi.com über Präsentationen zu Gottfried Keller und/oder zur Novelle *Kleider machen Leute*. Fertige eine eigene Version mit eigenen Schwerpunkten an.

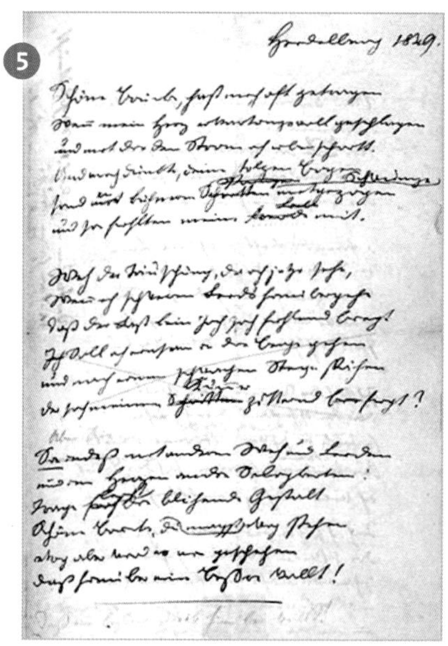

1 Gottfried Kellers Geburtshaus „Zum goldenen Winkel“ am Neumarkt in Zürich (Urheber: Adrian Michael, Lizenz: CC BY-SA 3.0)
2 Inschrift über dem Elternhaus Gottfried Kellers in Zürich (Urheber: Elwood j blues on de.wikipedia, Lizenz: CC BY-SA 3.0)
3 Luise Scheidegger, 1843–1866, Kellers Verlobte (Urheber: Unbekannt, Quelle: Zentralbibliothek Zürich, Lizenz: gemeinfrei)
4 Gottfried Keller (mit Trommel) als Freischärler, aquarellierte Bleistiftzeichnung, 1845 (Urheber: Johannes Ruff, Quelle: Zentralbibliothek Zürich, Lizenz: gemeinfrei)
5 Kellers Gedicht über die Alte Brücke in Heidelberg, 1849 (Urheber: Gottfried Keller, Lizenz: gemeinfrei)
6 Grab Gottfried Kellers auf dem Friedhof Sihlfeld in Zürich (Urheber: Berger, Lizenz: gemeinfrei)

Aufgaben im Stil des Prüfungsteils A2

Information

Der **Prüfungsteil A 2** besteht aus **Aufgaben zum Textverständnis** und einem **produktiven Schreibauftrag**. Er wird mit insgesamt 25 Punkten bewertet. Während der Prüfung steht dir deine eigene Ausgabe von Gottfried Kellers Novelle *Kleider machen Leute* zur Verfügung. Daher ist eine gründliche und übersichtliche **Bearbeitung der Novelle** im Voraus entscheidend. Diese Textarbeit ist dir bei der Bearbeitung der Aufgaben sehr hilfreich, da du so einen besseren **Überblick über die Handlung** hast und Textstellen schneller wiederfinden kannst. **Handschriftliche Notizen und Farbmarkierungen sind daher besonders wichtig!** Fragen mit Antworten oder Aufsatzbeispiele dürfen hingegen nicht eingetragen werden. Die Lektüren werden vor der Prüfung durch die Lehrkräfte kontrolliert.

Aufgaben zum Textverständnis

Tipps zur Bearbeitung der Aufgaben zum Textverständnis:

- → Lies die Aufgaben sorgfältig durch.
- → Markiere den Operator in der Aufgabenstellung. Damit sind die Arbeitsaufträge gemeint, z. B.: *nenne, schreibe auf, notiere, gib an, erläutere, erkläre, deute, beschreibe, charakterisiere, fasse zusammen, skizziere, verfasse* usw.
- → Wichtig ist die sprachliche und stilistische Vorgabe, die du aus folgenden Angaben herauslesen kannst: *formuliere in eigenen Worten; mithilfe von Zitaten; zitiere* usw.
- → Achte ebenfalls auf weitere Anforderungen, z. B. in welchem Umfang du antworten sollst: *in einer bestimmten Zahl ganzer Sätze; einer angegebenen Zahl von Stichworten* usw.
- → Die Zahl der zu vergebenden Punkte kann dabei eine Hilfe sein, z. B. *drei Punkte bei sechs Stichworten*.

Schau dir folgendes Beispiel an:

Beschreibe drei Situationen, in welchen Wenzel Strapinski die Flucht antreten will.

Beschreibe	drei Situationen,	in welchen	Wenzel Strapinski	die Flucht antreten will.
ausführlich darlegen	Zahl/ Ereignisse		Bezug Figur	Thema

➲ Aufgaben

a) Erkläre den Anlass für Wenzel Strapinskis Wanderung in eigenen Worten.

b) Beschreibe den biografischen und wirtschaftlichen Hintergrund Wenzel Strapinskis in drei Sätzen.

c) Im „Gasthof zur Waage" wird er vom Wirt und vom Personal für einen Grafen gehalten. Wie kommt es dazu?

d) Wenzel fühlt sich während des feinen Mahls in der Grafenrolle nicht wohl.
Beschreibe und belege anhand zweier Zitate. Gib die Textstellen an.

e) Nenne drei Verhaltensweisen, die den Wirt und das Personal davon überzeugen, dass Wenzel adlig sei.

f) Beschreibe Melchior Böhnis spontane Eindrücke, die er von Wenzel Strapinski hat.

g) Beschreibe das Auftreten der Goldacher „Herren". Wie wollen sie auf den „Grafen" wirken?

h) Die Liebesgeschichte zwischen Wenzel und Nettchen in sechs Stationen –
Formuliere stichwortartige Überschriften für die einzelnen Ereignisse.

i) Nettchen entwickelt sich zu einer emanzipierten Frau. Stimmst du dieser Aussage zu?
Schreibe zwei Argumente auf, die deine Position belegen können.

j) Nenne drei Stichworte zur Rolle Melchior Böhnis in dieser Novelle.

k) Wenzel entwickelt sich vom romantischen Träumer zum praktischen Realisten. Beschreibe in drei Sätzen.

l) Der „Radmantel“ und der „Fingerhut“ haben eine besondere Bedeutung für die Novelle *Kleider machen Leute.* Nenne den Fachbegriff und beschreibe die Bedeutung anhand je einer Situation.

m) Erläutere die Motive „Glück“ und „Zufall“ in jeweils zwei Sätzen. Zitiere dabei auszugsweise aus dem Text.

n) Gib drei Kennzeichen der Novelle an und belege diese am Beispiel von Gottfried Kellers *Kleider machen Leute.*

o) *Kleider machen Leute* und *Leute machen Kleider.* Erläutere diese Wortumstellung in drei Sätzen.

p) Interpretiere den letzten Satz der Novelle, S. 63, Z. 5–6.

q) Beschreibe in zwei Sätzen, auf welche Weisen der Erzähler in Erscheinung tritt.

Produktive Schreibaufgabe im Stil der Prüfung

➲ Aufgaben

a) Lies die folgende Aufgabe. Markiere in der Aufgabenstellung die Ausgangssituation, die schreibende Figur, die Themen, die Textsorte und (in diesem Falle) den Adressaten.

Beispiel einer produktiven Aufgabe:

Nach „zehn oder zwölf Jahren" (S. 63, Z. 1–2) ziehen Wenzel Strapinski und Nettchen (jetzt: Anna Strapinska) mit ihren Kindern nach Goldach um. Einige Wochen zuvor kündigt Nettchen ihrem Vater den Umzug an.

Schreibe diesen Brief, in welchem Anna auch auf die Vergangenheit eingeht.

Hinweis: Weil es die Strapinskis zu Ansehen bringen, ist es vorstellbar, dass Nettchen sich als verheiratete Frau und Mutter Anna nennt.

Schreibplanung

b) Notiere in ca. zehn Stichworten, was du aus der Sicht Annas in diesem Brief schreiben möchtest.

Stichworte für Annas Brief

c) Nummeriere diese Stichworte einer logischen Reihenfolge nach, die zur Schreibsituation passt.

d) Notiere die Stichworte der Reihe nach im folgenden Flussdiagramm als Schreibplan.
Ergänze sie jeweils durch zusätzliche Angaben.

Beispiel für ein Flussdiagramm

❶ Anrede, Datum: ______________ *Vater,* ______________

❷ ______________

❸ ______________

❹ ______________

❺ ______________

❻ ______________

❼ ______________

❽ ______________

❾ ______________

❿ Grußformel: ______________

e) Dieser Brief wird in der zweiten Hälfte des 19. Jahrhunderts geschrieben. Fertige dir einen Merkzettel zu Folgendem an:

→ Achte auf die Wortwahl und vor allem die Anrede: Wer spricht wen wie an? (vgl., wie die „Gevatterin“ auf dem Bauernhof Nettchen als höhergestellte Person anspricht)
→ Leite daraus ab, wie Nettchen ihren Vater anspricht.
→ Tipp: Recherchiere auch über die Anrede im 19. Jh. Dabei kann das Stichwort *Kuralien* hilfreich sein.

Anrede:

Grußformel:

f) Überfliege die Seite 45 zu *Gottfried Kellers Sprache*, die Worterklärungen im Buch und deine Merkwörter am Ende jedes Leseabschnitts im ersten Kapitel dieses Arbeitsheftes. Notiere im folgenden Kasten weitere ältere Ausdrücke, die du im Brief (wie auch in anderen Schreibformen) verwenden kannst.

Zeitgemäße Ausdrücke

stattlich – Leumund – Spekulationen – gewähren – sich schicken – schicklich – standesgemäß – famos – ...

Produktives Schreiben: Textüberarbeitung

Information

Zur Bearbeitung **produktiver Aufgaben** benötigst du einen guten Überblick über die Handlung. Benutze daher deine **Lektüre wie ein Nachschlagewerk**. Anhand der **Episodenüberschriften** findest du die Textstellen schneller, die für die jeweilige Schreibaufgabe wichtig sind. Beschränke dich auf die wichtigsten Inhalte, da du auf die Zeit achten musst, die dir zur Verfügung steht. Dennoch darfst du den **Text nicht abschreiben oder nacherzählen.** Formuliere wichtige Textstellen in deinen Worten um und kombiniere die inhaltlichen Zusammenhänge neu.

g) Überarbeite den folgenden Briefanfang, indem du vor allem auf die Anrede achtest.
Verwende ein separates Blatt und setze den Brief nach deinem Schreibplan (S. 58) fort.
Verwende Wörter von deinem Notizzettel. Schreibe ca. 200 Wörter.

Lieber Vater,

verzeih mir die lange Zeit, die ich dich ohne Bericht ließ. Wie du weißt, fange ich durch die Ankunft unseres Jüngsten zum zehnten Male von vorne an mit der Erziehung. Die Großen benötigen mich aber ebenso und bedürfen der Unterweisung in den Tugenden. Aber wie ist dein Befinden? Sind deine aktuellen Spekulationen einträglich? Strapinski ist nach wie vor gefragt als Tailleur. Kein Tag vergeht, da sein Fingerhut in der Tasche ruhen kann, wie er es früher tat. Die Seldwyler...

h) Drucke die ausführliche Checkliste zum *Brief* aus. Sie befindet sich im Downloadbereich. Überprüfe deinen Text.

Checkliste zur Schreibaufgabe *Brief*

Form	• saubere Gestaltung: Tinte, klare Korrekturen • erkennbare Gliederung: Aufbau, Absätze • Formales: Datum, Anrede, Grußformel, Leerzeilen
Sprache	• korrekte Grammatik, Satzbau • passender Ausdruck, angemessene zeitgemäße Stilebene (keine Umgangssprache)
Inhalt	• Beachtung der Schreibsituation und des Adressaten/passende Vorgeschichte
Rechtschreibung	• korrekte Rechtschreibung: Nutzung des Rechtschreibwörterbuchs; • korrekte Anredepronomen, hier: ältere Form „Ihr"/„Euch"/„Euer"

Übersicht über produktive Schreibformen

Information

Die Novelle *Kleider machen Leute* ist überwiegend aus der **personalen Perspektive Wenzels** geschrieben. Produktive Schreibaufgaben passen logisch in den **Zusammenhang**. Oder: Sie sollten sich logisch aus dem Zusammenhang ergeben. Dabei darfst du **nichts hinzuerfinden**, was nicht vom Autor in irgendeiner Weise erwähnt ist. Also: keine Fantasie-Elemente, neue Figuren usw. Mit etwas Gespür findest du selbst sogenannte **Leerstellen** heraus, die fast dazu einladen, eine Sichtweise, eine Situation, ein Problem zu vertiefen. Das hat mit **Handlungslogik** zu tun. Diese kannst du nachvollziehen, wenn du die Novelle intensiv bearbeitet hast.

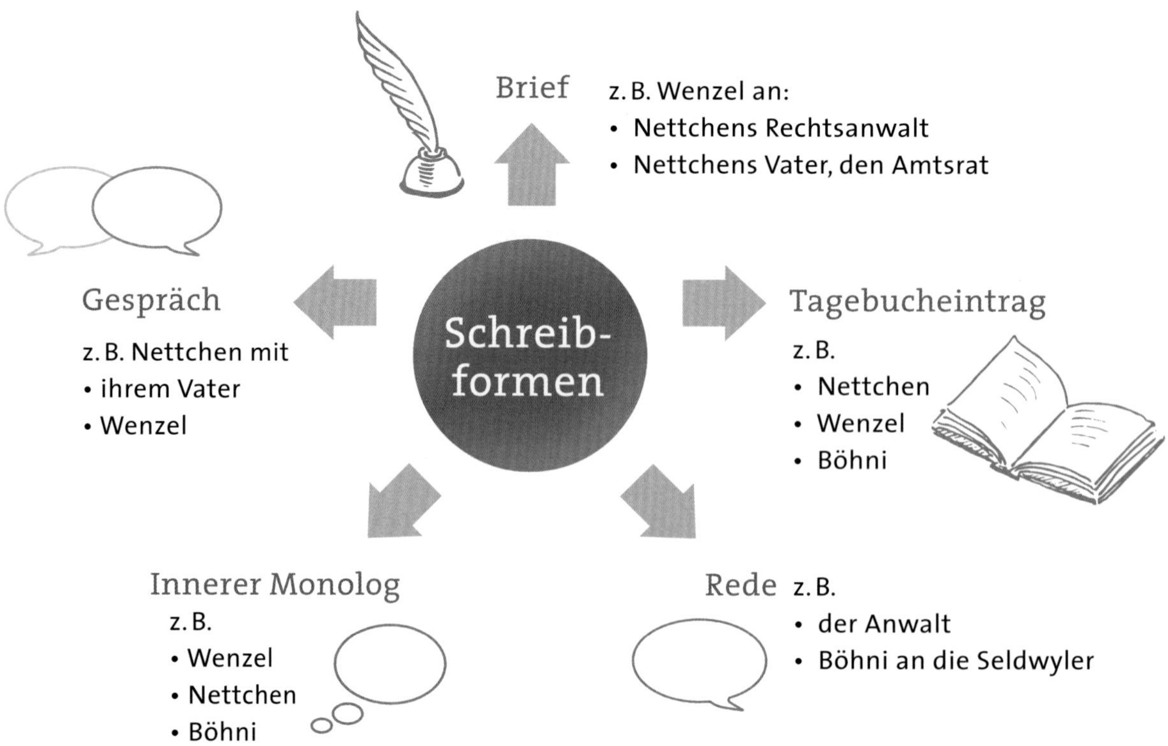

Im Downloadbereich findest du Aufgaben und Lösungen zu einer Rede und einem Gespräch.